高品位婚姻
必做的游戏

〔美〕珍妮特·C.劳尔　　罗伯特·H.劳尔 著

张韶萍 王寓帆 译

The Play
Solution

中央编译出版社
Central Compilation & Translation Press

京权图字：01-2003-8086

图书在版编目（CIP）数据

高品位婚姻必做的游戏／（美）劳尔，（美）劳尔著；张韶萍，王寓帆译.
—2版.—北京：中央编译出版社，2008.9
ISBN 978-7-80109-744-6

Ⅰ.高… Ⅱ.①劳…②劳…③张…④王… Ⅲ.婚姻－通俗读物
Ⅳ.C913.13-49

中国版本图书馆 CIP 数据核字（2008）第 122152 号

高品位婚姻必做的游戏

出 版 人：	和 龑	
责任编辑：	李 纬	
责任印制：	尹 珺	
出版发行：	中央编译出版社	
地 址：	北京西单西斜街 36 号（100032）	
电 话：	(010) 66509360（总编室）(010) 66509365（编辑部）	
	(010) 66509364（发行部）(010) 66509618（读者服务部）	
	(010) 66161011（团购部）(010) 66130345（网络销售）	
网 址：	www.cctpbook.com	
经 销：	全国新华书店	
印 刷：	北京新丰印刷厂	
开 本：	850 × 1168 毫米 1/32	
字 数：	134 千字	
印 张：	6.875	
版 次：	2008 年 9 月第 2 版第 1 次印刷	
定 价：	18.00 元	

本社常年法律顾问：北京建元律师事务所首席顾问律师 鲁哈达
凡有印装质量问题，本社负责调换。电话：010-66509618

目　录

前　言

　　"你们要努力增进感情。"这句话你已听说过很多次，或许太多次了。这句话很对。但是如果某种感情关系光是要努力，没有其他，对你来说恐怕没有意义。亲密关系也好，约会也好，同居也好，订婚或结婚也好，需要努力，同时也应该是快乐的。要做到这些，你得会游戏。

　　这就是本书的内容：怎样拥有快乐的关系。首先声明一点，我们不认为游戏是什么处理感情的万金油，或是能保证长久、满意的情感关系的万灵药。再说，你跟童年时的玩伴还有多少联系呢？尽管有这样的局限，我们还是认为，成年人之间建立长期、满意的关系需要一定的游戏。

　　这是一本实用的书，也是一本严肃的书，你们的关系是否稳定、满意可不是小事。不过这也是一本关于游戏的书，它教给你和你的伴侣许多怎样过得更有趣的主意和练习。除了贯穿各个章节的建议之外，每章最后还为你提供强化游戏练习。别忽视这些练习，记住，光知道伴侣间的游戏还不够,要参与进去才能为你们的关系增添声色。

　　感谢我们的代理人安德利亚和编辑朱迪思·麦卡锡支持本书。我们也感谢曾跟我们合作过的许许多多的夫妇,他们使我们明白为什么游戏如此重要,如何(以及如何不去)游戏。书中每一页都可以看出他们的影响。

婚姻的乐趣

我们在一家餐厅与朋友聊天的时候见到坐在另一桌的一对夫妇。我们的朋友感叹说那对夫妻的婚姻"羡煞旁人"。他又连忙补充说他自己的婚姻也不错,但是那对夫妇对对方的爱"异乎寻常"。

我们同意他的说法,而且想到另一对夫妻,他们拥有一切但就是没有"羡煞旁人"的婚姻关系。坦尼娅和杰克曾参加过一个强化婚姻关系研讨会,我们给参加会议的夫妇布置各种作业,其中之一是要把两人在未来五年内要一起做的有趣的事列出一个单子。单子上包括的只能是伴侣双方都喜欢的。我们要求他们说:"发挥你们的想像,不要因为你认为某个点子不可行就抛开它。"

中间休息的时候,我们碰到了杰克,当时只有他一个人。"作业做得怎么样?"我们问他。他摇头,板着脸说,"坦尼娅没有一点儿想像力,一丁点儿都没有!"

这两对夫妻代表了两个极端。跟他们相比，你跟你的伴侣是什么情况？是像那对羡煞旁人的夫妻呢，还是更像那对关系陷于单调乏味之中的夫妻呢？你们喜爱彼此的程度如何？你们在一起很快乐吗？你们对这些问题的答案很重要，因为它们为你们今后是否会有一个长久、满意的情感关系提供重要的线索。

情感关系如同玫瑰园

经过多年培养我们自己的感情关系并观察人类的行为，我们很有把握地说，所有的夫妇都有美好和快乐的时光（就像玫瑰盛开的日子），有辛勤和日复一日的劳作（就像用在耕作、浇灌、除草上的不计其数的时间），也有挣扎和痛苦的时候（就像被刺扎到、玫瑰生虫）。

如果你辛勤种植、照顾的玫瑰结出来的不过是刺和霉斑，你会怎么做？你或许会把它们连根刨出，改种万寿菊。感情关系也是这样。如果你们的关系带来更多的是痛苦和麻烦，这种关系可能不会长久，即使真的长久，也不会带来快乐。所以我们建议给你们的关系注射充足的游戏药剂，使之保持在盛开的状态。我们将在下一章探讨夫妇游戏的众多好处，这里我们想说清楚夫妇游戏是什么意思，以及它在促进你们的感情关系融洽、美满方面的重要性。

比赛还是游戏？

　　我们认识一对把玫瑰园当作爱好的夫妇。他们对自己的玫瑰充满感情，珍视花在这个爱好上的每时每刻。我们也曾有过一个玫瑰园，但从没有把它当作爱好，不过是一件杂事，有时它会带来美丽的花朵，但仍不过是桩杂事。而且我们从来没有隔天还惦记它。

　　同样，某种活动对某些人来说是有趣的夫妇游戏，而另一些人则喜欢完全不同的东西。例如，已经订婚的塞思和詹娜决定一起打高尔夫球。詹娜从十几岁起就一直打高尔夫，她非常喜欢这项运动，而且在这方面很有天分。而塞思从未进过高尔夫球场。詹娜向他保证会教他基本规则，并保证他们会玩得很开心。但当詹娜第十三次告诫塞思（他们还在第三洞）挥杆时"不要抬头"，塞思回了她一句："你用不着一直说，我知道，只不过还需要点儿时间练习。"那天结束时，两个人都累坏了。不过，他们坚持了下来。到第五次，塞思有几洞打得很好，入洞技术有了很大提高，可是他的进步却让詹娜感到有点儿压力。詹娜开始更关注自己打球，嘲笑塞思的失误。结果倒激起塞思的斗志，他要不断提高技术直到打败詹娜。

　　塞思和詹娜的活动是夫妻间的游戏吗？根本不是。他们之间的竞争使得打球对两个人来说不再是游戏。将他们的情况跟心理学家保罗·罗伯特兹提出的游戏定义比较一下——游戏"是纯粹的娱乐,是完全为了获得快乐而进行的活动。游戏是紧张的、吸引人的、爽快的,让人忘我,忘却愤怒、焦虑和恐惧。"

　　游戏本身就是它的回报。你不必像塞思那样定一个目标,证明自己比别人强。你从游戏的过程中获得乐趣。塞思和詹娜在高尔夫球场上得到的疲惫和挫败感比乐趣多。你会发现游戏是让你专注的活动——其他的一切都抛至脑后,你可以摆脱每日的烦恼和生活中的纷争。塞思和詹娜关注更多的是战胜对方而不是游戏的体验。塞思决心要提高技艺,胜过詹娜,而詹娜担心塞思最后会超过自己。他们很显然并没有投入夫妻间的游戏,而是在较量,努力要打败对方。他们的游戏变成了极其认真的艰巨的事业。

严肃可以,别太过分

　　夫妇间的游戏是一件要认真对待的事情,因为它与你们感情关系的健康密不可分,但也不要像塞思和詹娜那样把游戏变成极其严肃的活动。如果你们把感情关系变得极其严肃,它就会死亡。我们问过很多人他们认为伴侣最宝贵的品质是什么,还没有一个人说"我要找一个乏味、没有幽默感、无聊的伴侣"。相反,我们听到的是这样的一些说法:

他让我笑。

我们在一起很开心。

她是我认识的最有趣的人。

我们在一起棒极了。

如果你不能用这些话形容你的伴侣，你们的关系就有问题了。看看帕特里西亚的例子，她快要结婚的时候，她那"规范"的罗曼史突然完结了：

我是在工作中认识詹森的。他和我一样是财务计划师，我们一开始就有共同点。我们认识一周后开始第一次约会。不久，我们的关系就定下来了。

帕特里西亚一开始就知道詹森为人严肃认真。他们一起出去的时候，他会讲很多工作上的问题，还有他上次婚姻的困境。几年前他有过一次短暂的婚姻，他决心永远也不要再经历离异的痛苦。但是，詹森的严肃认真并不止于这些，他似乎对生活中其他任何事都非常严肃。帕特里西亚不止一次想：他需要轻松一些。有几次她甚至逗他说："别那么认真嘛。"

他们约会了 6 个月后，詹森向她求婚，可是帕特里西亚一反常态，说自己还需要考虑几天才能答复：

这很奇怪，因为我一直在等这一刻的到来。我一直想结婚,有自己的家,而詹森和我看起来很般配。我们的关系非常规范——表面看来我们彼此极为相配。我们有共同爱好,工作性质一样,家庭和宗教背景也类似。但是有些什么让我犹豫了?

我不太肯定那是什么,直到第二天我跟好友一起吃午饭,想跟她谈谈詹森求婚的事。在谈到这事之前,我们为早晨她碰到的某件事哈哈大笑,这就好像是上天的启示,我忽然明白为什么我不能答应詹森。詹森和我在一起很少像我跟这位朋友一样大笑,我们从未一起做过傻事。其实,我跟他在一起时总是感到很正当。就在那时、那地,我知道我不会嫁给一个让我大部分时间感到严肃、拘谨的人。

游戏如阳光

玫瑰花园还有一个问题,就是没有赋予生命阳光,它就不会欣欣向荣。感情关系也是如此,游戏是它生长必须的阳光。几年前我们研究长期婚姻中的夫妇关系时还没有重视游戏的重要性。有一天我们一起跑步(顺便提一下,我们觉得跑步是彼此沟通和产生新想法的好办法),一边讨论我们认识的一对夫妻分手的事,感叹着我们有那么多朋友和熟人都离婚了。我们想,我们还在一起是不是因为我们有什么问题?我们很快否决了这一可能性,开始思索为什么我们的关系持续了下来,而我们周围的人却没有。我们决定要找到原因。

我们研究了专门书籍,发现研究人们为什么分手的书不计其数,而关于什么将人们维系在一起的却极少。而且,涉及如何维系感情的材料大多是从离婚夫妇的经历中推论出来的。因此,我们决定从健康的而不是有问题的感情关系入手研究这个题目,弄清楚哪些因素促使感情稳定、美满。为了找到答案,我们采访了 300 对夫妇,他们的婚姻史从 15 年到 61 年不等,并且自认对婚姻非常满意。

我们的发现之一是,夫妇双方(双方分别接受采访)都认同游戏,包括幽默感,对感情的重要性。事实上,他们将其重要性排在性爱的前面! 正像一位结婚 26 年的男士所说:"笑是必须的营养品,我们的孩子都很有趣,我们的生活大部分也很有趣。人要学会嘲弄才能活下去。"已结婚 15 年的玛丽亚谈到她的婚姻到第十年的时候遇到的一次危机:

> 我丈夫托德的事业非常成功,但是成功的代价是我和我们的两个孩子。他总是在办公室待到很晚,回到家里,仍念念不忘他的工作。即使跟我们在一起的时候,也可以看出他心不在焉。
>
> 有一天,这一切达到顶点,我气得不说话。他终于注意到我的沉默,问我怎么了。我告诉他,我认为我们的婚姻一团糟,觉得他有意忽视我们。我让他明白他不再给我们带来欢乐,如果我们还要在一起,就

必须改变现状。

玛丽亚的话让托德很吃惊,不过他也承认玛丽亚说得对,他想挽回他们的关系。他们一起想办法缩短托德的工作时间,不把工作带回家,托德又变回结婚初期的那个关怀家人、有趣的人了:

> 我非常高兴,事情真的好转了,这大部分要归功于托德,除了极个别的情况,他从不把工作带回家。以前我们怕他回家,现在相反,我们殷切地盼着他回来。他不再一句话不说直直地走进家门。他花时间跟孩子们玩耍,晚饭后,他会跟我一起喝咖啡消磨些时间。我们甚至有时间偶尔约会。我们的婚姻从来没有这么美满过!

夫妻游戏的三个原则

正如玛丽亚发现的,缺乏娱乐的感情关系很容易破裂,或者说,一起游戏的夫妻更容易维持感情。请注意关键是"一起"两个字。我们不是说你做你的,你的伴侣做她/他的。当然你需要自己的娱乐,但同样也需要夫妻游戏,做夫妻游戏的时候,你们要遵守几条原则。

原则一：工作不是夫妻游戏

有的游戏的确涉及工作因素，如果你称学习这些原则或磨练技巧为工作的话。检验的标准是你在做的是工作多过游戏呢，还是游戏多过工作？你要牢记夫妻游戏的特点，这项活动中你们两人都应该是愉快的、投入的，而且是为游戏而游戏。

大多数人的工作都是枯燥繁琐的。你也许没有选择，你得工作来养活自己和家人。而且，工作无一例外有竞争伴随。在提升、长工资，甚或衣着方面，你都得跟同事竞争，你得跟其他公司竞争，或者你得竞争以达到某种标准，或实现自己设定的专业目标。

当然，很多人喜欢工作，至少是工作的某些方面。我们喜欢研究和写作，喜欢工作带来的机会和收入。也有一些是我们不喜欢的，比如说重写，或付印之前浏览校样。而且我们还得跟其他作者竞争，争取读者的注意和接受。但游戏的时候，我们从不操心这些事情，有时候我们的游戏也会有小小的友好的竞争，但这跟一定要取胜的决心不一样。从本质上说，我们游戏的时候，只是为了快乐。

记住，如果以下几点有一点是真的，那就不是夫妻游戏了：

- 跟另一对夫妻一起打网球的根本原因是为了建立商务关系。

- 你跟伴侣打牌的时候,仍在想着工作。
- 你跟伴侣一起散步不过是敷衍他/她,之后你好回去工作。
- 你们一起游戏的时候,你更关心的是打败你的伴侣而不是为了娱乐。
- 重新布置卧室对你们一方来说是很兴奋的事,对另一方来说却是苦差。

总之,你做的事有越多的工作因素,它就越不是游戏。而你越觉得某种活动吸引人而且令你愉快,它就越具备夫妻游戏的特点即使这种活动一般不会被认作是游戏,比方说一起到食品店采购。

原则二:不是你们两人都喜欢的游戏就不是夫妻游戏

看一看下面这段丈夫和妻子之间的对白:

妻:你今天有没有找人修理车?

夫:没有,我今天没空,我很快会找人修的。

妻:我不想开车的时候不放心。

夫:你不放心什么? 那车不过需要调试一下。

妻:要是我在外面抛锚了怎么办?

夫:它不过是需要调试一下,不会抛锚的,你真笨。你对车真是一无所知! 等我上班把这事告诉那帮伙计们。

妻：对，告诉去吧，告诉他们你有个蠢老婆。

夫：别那么敏感，我不过是开玩笑。

丈夫觉得自己是在闹着玩儿，而妻子却觉得他的话很伤人。这种情况很常见，我们曾多次遇到过这样的夫妻。一方说或做自以为有趣的话或事，而另一方却视之为无聊、气人、没有感觉或伤人。套用一句老话，甲之玩笑，乙之痛苦。这就是夫妻游戏第二条原则的精髓：除非你们两人都感到愉快，否则就不是游戏。

玛丽亚警告托德说他对工作的投入威胁到他们的婚姻，托德决定做些什么来补救他们的感情。他采取的措施包括建议玛丽亚陪他到芝加哥参加一个他必须要出席的会议。他建议说："我们找个保姆看孩子，这几天就都是我们俩的了。"玛丽亚觉得这个主意听上去很不错，万一孩子有什么意外，他们离得也不算远，而且，芝加哥有很多好玩的事做。

可是，这次旅行的结果却出乎两人预料。托德被会议拴住了，玛丽亚大部分时间都是一个人在城里逛。有一两个晚上他们和托德公司的人一起吃饭，谈的主要都是商务上的事。玛丽亚对这次旅行很失望。"我知道这次会议对你们的生意很有帮助，"她对托德抱怨说，"可我待在家里比这有意思。"玛丽亚对这次旅行的反应让托德很沮丧。他分辩道："不管怎样，我努力了，对不对？"玛丽亚同意托德的初衷是好的，两人都认为要找到更有趣的夫妻游戏方式。托德经过一番折腾才学会了第二条原则。他知道今后他得考虑是否玛丽亚和自己都喜欢某项活动。

这并不是说你们不能互相妥协。比如，一位妻子告诉我们，她陪丈夫一起外出钓鱼并不是因为她喜欢钓鱼，而是因为丈夫不愿意一个人去。对丈夫来说，这是娱乐时间，他彻头彻尾喜欢这项活动；对妻子来说，跟丈夫在一起，看着丈夫钓到鱼时的兴奋也有些愉快。不过要回家时她才高兴。这种活动对他们的关系有好处，但并不是夫妻游戏，只有丈夫在娱乐，妻子只是看着丈夫自得其乐。幸好他们还有其他的夫妻游戏。

原则三：如果不能促进你们今后的感情关系，就不是夫妻游戏。

让我们回到塞思和詹娜的案例。打完一场高尔夫球后，塞思觉得很沮丧而詹娜觉得不自在。塞思沮丧是因为他想进步得更快些，好打败詹娜。他一直觉得自己在运动方面不行，又觉得自己进步很慢，这就更让他觉得自己不行。詹娜不自在是因为她觉得自己应该是两人中运动天分更高的，而现在这种地位受到挑战。詹娜很看重自己的运动能力，在某些方面超过多才多艺的塞思关乎她的自尊。

换句话说，打完高尔夫球后，他们两人都没有感到更好，而且，两人都没有对他们之间的感情有更好的感觉。他们都认识到一起打高尔夫球不仅没有增进两人的关系，反而使关系更紧张。后来,他们很明智地放弃了打球。塞思承认,对他来说,不值得花那么多功夫打好高尔夫球。他决定在詹娜打高尔夫球时,要找一些自己感兴趣的活动。

其他的夫妻打高尔夫球的结果可能正相反。这就是夫妻游戏的难处之一——要找到让你们对改善关系有良好感觉的那类活动。比如,我们娱乐的一种方式是一起长时间散步。散步使我们感到体力更充沛,情感更深厚,使我们有机会聊天,重新感到契合。但是有的朋友认为散步是不得不做的麻烦事,从不视之为游戏。

我们要说的是,没有一种活动是适合所有夫妻的。你们一起做的事也许别的夫妻并不觉得有意思。但是,如果它使你们自己感觉良好,那它就是夫妻游戏。

妨碍游戏的因素

我们发现,在我们谈论游戏对感情关系的重要性时,大多数人都很积极地附和。但是,就像我们研讨会上的一位孤僻的丈夫所说的,许多感情关系很少有游戏的成分,或者说没有足够的游戏成分以保持感情稳定。为什么会这样?是什么阻碍了夫妻进行游戏?以下是几方面原因。

陷阱:行为要符合你的年龄

在一次宴会上,心烦的妻子对丈夫说道:"别老不正经。"那位丈夫向来寡言,但讲起在研究院读书期间实验室的故事的时候,他情绪高涨起来,引得一群活泼的人围着他。认识他多年的人惊喜地发现原来他也这么有趣,只有他的妻子不高兴。

对那位妻子而言,"别老不正经"指的是"你是个成年人,是个有重要责任的科学家。举止不应该像个孩子似地无聊、轻佻。"可是为什么不呢?为什么幼儿园的孩子就可以一天笑三百次,而成年人一天只笑十七次?对于普通人,长大并不是什么可笑的事。

我们并不是说你们应当像童年时那样游戏,但是不要陷在行为要符合年龄的陷阱里,不要害羞得不能随兴嬉戏。太过严肃的成年人跟太过严肃的孩子一样都是不自然的。

我们参加过一个教堂的万圣节化妆舞会,一位神秘的女士让我们很惊奇。她身着黑上衣、紧身裤,戴着黑色贝雷帽、太阳镜,还有一头长而浓密的金色假发。那是一次小型聚会,但谁也认不出那位女士是谁,直到摘下面具的那一刻,我们惊讶地发现是年届 78 岁的聚会发起人站在那儿,脸上挂着笑容。

有谁觉得她老不正经吗?有谁觉得尴尬吗?没有。她的风趣让我们欣喜。她让我们大家明白,即使你已成年,即使你已经 78 岁,也一样可以游戏。

受制于日程安排

我们经常听到人们互相问候:"忙吗?"但还没听说谁

回答说:"不忙,我时间多得很,还不知道怎么打发呢。"

相反,每个人看起来都很忙,我们认识的每个人都像阿曼达一样抱怨。阿曼达是律师,已婚,有三个孩子。

> 我一直有一种沉重的感觉,每天总是分身乏术,没有足够的时间应付各方面的需要。我工作的那间律师行期望我每天工作 10 小时,一回到家,孩子占去我所有精力,根本没有什么剩余时间给罗伯和我自己。

夫妇俩都有事业,又有三个孩子,我们同情阿曼达,但是我们不接受,不论是阿曼达或是别人,都把忙碌当作不去游戏的借口。我们认识很多忙碌的夫妇,他们做到了留出游戏时间,使感情关系充满生机。也许在很短的一段时间内你的日程会挤掉游戏的时间,但如果这种状况长期存在,我们就要问你:什么对你更重要? 是你的日程安排,还是你们的感情? 你是有选择的。我们决不接受用忙碌的日程作为没有时间游戏的理由。

工作的长臂

记得吗,有一条原则是:工作不是游戏。但是很多人发现很难关闭工作模式,进入游戏状态。他们把在工作中激励自己的竞争精神带入游戏中,使游戏变成了工作。运动变成了看谁能赢的战斗,爱好变成了多赚点钱的途径,团组运动成了签署商务合同的机会,等等。

即使你没有把工作习惯带入游戏中,科技发展也使得工作的手臂更长。手机和电子邮件使你无论走到何处都摆脱不了工作的控制,如果你从事的是要你随时待命的工作就更是如此。我们最放松的一次休假是在一个相对隔绝的小岛上度过的,在那里我们甚至连日报都收不到。我们很惊讶,摆脱掉一切——从不断响铃的电话到媒体每天过量的混乱信息——让我们恢复了精力。

我们甚至开始在度假的时候把手提电脑留在家里,这是几年前做的决定,因为不管我们走到哪里,工作"危机"总是通过电子邮件跟着我们。这些危机其实并不需要立刻处理,而且,我们远在异地也无力处理它们。我们惟一能做的事就是担心,所以,现在手提电脑就待在家里了!

可是我们仍发觉科技恼人,因为我们曾和朋友们一起旅行、外出,曾耐心地等候朋友接手机或回电子邮件(至少我们努力做到宽容)。如果你们旅行是为了娱乐,建议你们给通讯簿里的每个人发封电子邮件,知会他们在某个时期内你无法接收邮件或手机,然后去尽情享乐。

你们现在有多少乐趣?

游戏中的障碍对你们的感情有多大影响? 现在要来估算一下你和你的伴侣做得怎么样(你们每人分别回答后面的问卷)。拿出一张纸来,列下数字 1 到 20,然后回答下面"你们有多少乐趣"问卷中的问题。如果你不记得参加某项活动的具体次数也没有关系,只要写个大概就可以了。

答完后,将得分相加,你的分数应当是在 0 分(你的生活真那么凄惨吗?)到 80 分(你有没有撒谎? 没有人那么能玩!)之间。

如果你在揣度进行游戏的夫妻多少分及格,答案是:根本没有及格线。这个问卷的意图并不是要把你们的分数跟别的夫妻相比,或是给你们分等级。它有四个目的:

第一,我们想用多种多样的游戏活动启发你们,所列出的活动中是否有你们从未做过或最近未做过的? 试试或重温这些活动。

第二,希望你们会留意一下你们参与不同活动的次数多寡。比如,跟你们经常或天天都做的活动数量相比,有多少活动你们的回答是从不、很少、不经常?

第三,我们希望使你们认识到,其实每天都可以参与游戏。你们或许不会每天旅行或是享受有趣的性生活,但可不可以调情、玩笑、一起大笑、做点傻事呢? 正如我们将在后面的章节中讨论的,任何一天都可以有很多机会游戏。

乐趣测试

根据下面的得分标准为每个陈述打分:

0—从不

1—很少或不经常

2—偶尔

3—经常

4—每天

1. 我们用昵称互相称呼。

2. 我的伴侣跟我讲笑话或是有趣的故事。

3. 我们做有趣的旅行。

4. 一天将尽，我们可以说我们过得很快乐。

5. 只有我们俩的时候我们表现得傻里傻气的。

6. 我们一起做冲动的事。

7. 我们一起参加比赛。

8. 我们看到或听到的某些事让我们俩都笑。

9. 我们做假扮或是过家家之类的游戏。

10. 我们有有趣的性生活。

11. 我们互相打情骂俏。

12. 我们一起培养某种爱好。

13. 我们一起参加愉快的体育活动。

14. 我的伴侣说的事情让我发笑。

15. 我的伴侣开玩笑逗我。

16. 我们跟其他夫妻一起游乐。

17. 我们尝试新活动，只是因为它们有意思。

18. 我的伴侣很幽默。

19. 我们一起听音乐。

20. 我的伴侣想出一些新奇的点子，我们一起乐。

问卷的最后一个目的是比较你们各自的得分。再次强调，这并不是要看你们谁对谁错。但愿老天不会让一本关于游戏的书引起争执！我们倒是希望你们能看到你们对自己有多少乐趣的看法多相近。如果你们的分数相差很大，就讨论讨论为什么你们的感觉如此不同。也许一方感受到的乐趣比另一方少，不过先不用为你的分数发愁。在第三章，你还会有机会做其他的问卷，这些问卷能帮你了解你们感情关系所需要的游戏类型和数量。

那么，你们有多少乐趣呢？再看看问卷，看看你们可以做的多种多样的游戏活动。还要看到，其中很多游戏只需要很少或是根本不需要金钱、计划，也不需要花很大力气。游戏并非遥不可及，我们所有人都可以坚持游戏。

游戏不停止

常言道,千里之行,始于足下。如果你的目标是甜蜜的感情,你得一步一步地走到终点。途中会有阻碍,会遇到危机时刻,让你将游戏抛至脑后。

这个问卷是个很好的开始。从中选出一个你们两人认为有吸引力而且愿意经常做的游戏,谈谈你们怎样能更频繁地做这项活动。记住,每一步,即使是很小的一步,也会使你离目标更近。

比如,几年前,我们觉得需要到更多的地方旅行,但是又受制于各种公事、家事。这是由于我们总想迈大步——到很远的地方去待上较长的时间。有一天我们只是离开家到20英里以外的海边小村庄待了一整天,回来时精神焕发。我们发现,小的步骤也会发挥作用。

游戏——增进感情的一剂良药

为什么要游戏？"这是个什么问题？"一位朋友这样问我们，"谁都知道为什么游戏，因为好玩。"没错，但是好玩只是一方面。有句谚语：只工作不玩耍，聪明孩子也变傻。这句话里有永恒不变的真理：你需要在生活严肃的一面和娱乐的一面取得平衡。这句谚语还讲得不够，如果没有游戏，你不仅会变得无趣，你的身体、情感、人际关系也会受到影响。

我们发现，大多数夫妻想游戏，但许多人没有意识到他们需要游戏。即便他们有这种愿望，也往往是像我们上一章讨论过的那些大忙人一样，他们允许自己的日程被生活的要求塞满，没有什么时间游戏。所以，我们在讨论用什么方式将更多的游戏融入你们的感情生活之前，想先说一说一起游戏带给你们的难以置信的好处，好让你们印象深刻。

人生来会游戏

最初的时候,我们都是爱玩的。我们的大脑似乎跟游戏的能力和游戏的需要紧密联系在一起。换言之,游戏其实是人类以及大部分动物的天性的一部分。小狗小猫不用教就会玩耍,这是天性使然,而且,即使长大它们也仍旧玩耍。我们家的狗"莉克莱斯"已经无法奔腾跳跃,只能费劲地小跑的时候,仍然喜欢在公园里嬉戏。后来她的腿不能动了,但我们一说到公园,她的耳朵仍会竖起来。

野生动物终其一生都在游戏。例如,有人曾经见过非洲象在雨中嬉戏、奔跑、拍打着耳朵和长鼻子,互相喷水,发出一种特殊的嬉戏的叫声;也有人见过成年斑点鬣狗在河里玩耍,扑腾着,争相把别的狗往水里压,在河水和河岸间来回腾挪。而且自达尔文的时代起,已经有观察者认识到大猩猩、其他类人猿互相搔痒、玩耍时会发出一种类似笑的声音。

动物的游戏跟人类的游戏一样,不仅仅是好玩。(尽管许多专家对于把人类的特点赋予动物身上的想法感到愤怒,但我们认为动物游戏的时候是有快乐的。)其实有的行为学家认为游戏对于某些种群来说跟吃、睡一样重要。狼、灵长类动物游戏的同时也在制造并保持群体的团结。所以,游戏是发生在一个狼群的内部而不是狼群之间。游戏是一种明确"我们是同一个团体的成员,我们是一家人"

的方式。

　　游戏还帮助动物学会如何在其他动物做出各种行为的时候作恰当的反应。比如,灰熊夏天的时候在有鲑鱼的山涧附近出没,小熊学会区分什么样的行为是示警,什么样的行为表示玩笑。它们学会分辨大熊是在邀请它们玩耍还是在刺激它们搏斗。

　　人类的玩性也毫不逊色。如果你觉得自己不爱玩,那不是因为你天性严肃,而是因为受生活环境所累,幼年时伴随你的游戏冲动被压抑了。

　　观察过婴儿成长过程的人都知道婴儿很早就开始玩耍,三四个月大的时候就会笑,然后很快开始跟大人一起做游戏。6岁的孩子已经懂得开玩笑。当然,随着孩子长大成人,游戏会发生改变,用扑克取代躲猫猫,但是游戏的快乐没有变。

　　你对游戏的需要也是如此。如果大猩猩幼年时被剥夺了游戏的机会,它们成年后会变得脾气恶劣、孤僻,无法养育后代。同样,如果人类自幼被剥夺了游戏的机会,他们会难以适应新环境,无法跟别人相处。他们成年后仍会有这些问题。

　　被剥夺游戏的可怕后果充分体现在20世纪罗马尼亚的孤儿院养育的孩子的可怕情形上。这些孩子完全被剥夺了爱和游戏,他们躺在自己的床上,没有人给他们关怀,或给他们能刺激他们的东西。毫不奇怪,后来几年里,大多数孩子都表现出抑郁、不合群。即使他们的养父母努力为他们提供温馨、稳定的家庭生活,通常也无法改变他们的感情反应。幼年时缺少成年人的关怀和游戏也许使他们余生都无法有正常的情感。

游戏是孩子的迫切需要,随着我们年龄的增长,游戏仍然是重要的。终日陷在过多的要求中,没有时间游戏的成年人,很可能会不快乐、不满足、不吸引人,在真正关系到生活质量的任何方面都做不好。约三千年前,所罗门王就说过,"喜乐的心乃是良药,悲伤的灵使骨枯干。"(旧约箴言 17:22)人们通过自己的体验一再告诉我们,游戏对他们自身和感情关系都是一剂良药:

> 杰伊总能让我笑,他知道我总是太过认真,而他的傻里傻气正是最恰当的一帖良药。
>
> ——一位 29 岁的女销售员
>
> 游戏的时候,我感到摆脱了工作的压力,真正和我丈夫结合在一起。
>
> ——一位 43 岁的教师
>
> 多年来,我们的游戏概念发生了变化,但有一样一直未曾变过,就是游戏使我们的日子变得愉快。
>
> ——一位 55 岁的商人

重要的一点是,压制游戏的欲望是违背天性的。而违背天性只会伤害你自己并且会严重伤害你们的感情关系。

游戏的滋养

这句话怎么重复也不过分：人天生是爱玩的，而游戏的本质是一种滋养的活动。游戏滋养人的身体和感情，即使是一个人的游戏——钓鱼、画画、跑步或埋首于电脑游戏。是的，我们知道有的人过分沉溺于这些活动，甚至到损害身体和情感的地步，但那已经不是游戏，而是成瘾。只要是游戏，就会滋养你。

你需要独自游戏的时间，需要有时间照顾自己的需要。一个人的游戏对夫妻也是有益处的，你身心越健康，情绪越好。你的情绪越好，就越容易做一个有趣的、活跃的伴侣。

当然，你也需要有夫妻游戏的时间。夫妻游戏除了滋养你们的身心外，还能直接、有力地增进你们的感情。它能增强你们彼此的联系，正如我们将在下一节讨论的，它为你们提供应对各种挑战、问题的重要工具。

游戏锻炼人的身体

凯瑟琳是一家大型经济行的律师，她有过体验，跟丈夫一起游戏使她不再"因繁忙的工作而疲惫不堪"，而是感到像"一个新女性"："我的问题在于我从来没有离开过工作。在家的时候，我也在想着工作，要么是有客人来，要么我检查电子邮件，收看公司发来的十几条信息。一个星期五的晚上,我腰酸背痛地回到家,发现一个惊喜正等着我。麦克决定,即使我们无法休假,我也需要从工作中省出点时间来。他关闭了电话铃,拔掉电脑插头,让我去悠闲地洗个澡,他去把晚饭准备好。其实他是从中餐馆定的餐。他把带耳机的 CD 随身听给我,让我一边听音乐一边洗澡,这样就不会想着工作的事了。"

晚饭后,麦克清理了碗碟,点上蜡烛,开始了计划的第二部分。

"把鞋子脱了,"他对凯瑟琳说。

"什么?"

"把鞋子脱了。"

"干吗?"

"就是把鞋子脱了。"

他刚买了一本足部按摩的书,准备在凯瑟琳身上试一试。由于是第一次,摸索和搔痒倒比按摩多,但凯瑟琳非常喜欢这样,甚至补充说这样让她兴奋。

第二天一早,麦克让凯瑟琳穿上休闲装束,因为他有一个特别的安排。他为两人安排了一次专业的全身按摩,凯瑟琳说她觉得"舒服极了"。随后他们一起午餐,在附近的商店闲逛。晚上,他们做了一个自结婚初期一直没做过的游戏——一个有趣的填字游戏。周日早上,凯瑟琳感觉自己焕然一新。周一上班的时候,她精力充沛,甚至热切地期待着一天工作的挑战。

其实,近年来的研究都没有充分重视大笑的治疗作

用。大笑能增强人的免疫力,从几方面增强人的体质,具体如下:

- 增加人体抗体数量
- 降低血清皮质醇水平(人感到压抑的时候肾上腺会分泌血清皮质醇)
- 分泌内啡肽(人体自然分泌的止痛素)
- 使肺得到锻炼(对于肺气肿的人有实际帮助)
- 使胃和胸部肌肉得到锻炼
- 增加血液中的氧气含量

那首名为《你是我的一切》的老歌的作曲者或许没有想到"一切"包括抗体、内啡肽和锻炼吧。跟你的伴侣说"你就像是我的内啡肽"可太煞风景了。但是,你们一起游戏的时候,就是给你和你的伴侣一剂绝妙的滋补剂。之后,就像凯瑟琳发现的那样,还有额外的好处:游戏时间给你们的关系注入新的热情。

游戏促进情感健康

情感健康,听起来很不错。对我们而言,情感健康不仅是没有某种精神疾病,我们说的情感健康是指:

- 总的说来,你经历的积极情绪多于消极情绪
- 你有足够稳定的情绪来解决生活的要求和挑战
- 你自我感觉良好

● **你对未来总的说来是乐观的**

如果你们一起游戏,你能帮助你自己和你的伴侣达到上述状态。之所以如此,有几个原因。游戏有助于你适应压力。太多的压力对人的身心都是有破坏性的。压力是一只狡猾的魔鬼,使你消沉、抑郁、愤怒、不满。如果你面临着持续的压力,或是一段时间的强烈压力,你需要有缓解的时间,保持情感平衡。游戏给你喘息的机会,让你的心灵有时间重新振作。

当凯瑟琳的游戏周末结束时,重新充满活力的不光是她的身体:

> 我脑中的蛛丝都被清理干净,就像麦克提醒我的那样,我不再浑身是刺。从前我疲劳过度,跟麦克,甚至跟同事们都没有好气。我脾气暴躁、紧张、抑郁。回顾从前,我很奇怪麦克怎么能容忍我。从任何方面来说,那个周末都好像是将我身心涤净,所有身体上、心灵上的灰尘都荡然无存。

游戏使你们摆脱平淡乏味 生活过于平淡乏味对人的心灵也是有害的。从事重复性工作的人或感情生活毫无新意的人都向往新奇刺激的事物。毫无疑问,我们都需要一定程度的稳定,但也需要一定的活跃和创新。

一位丈夫问妻子为什么对性生活渐渐失去兴趣,得到的答案让他不安："我们的性生活很无聊。"是的,如果成为例行公事,没有了游戏趣味,连性生活也会变得无聊。这对夫妻共同努力使性生活更有趣味性(这个问题我们将在第七章研究),丈夫不再感到挫败,妻子也不再感到无聊。两人都体验到婚姻生活,尤其是性生活的崭新活力。

游戏让人再次体验童年的自由自在 想一想以下几个形容词:拘谨、刻板、压抑、严肃。让我们难过的是,这些形容词是对我们认识的一些成年人的准确描述。可如果拿这些形容一个孩子,那我们就不止是难过,而是担心了。我们希望孩子们自由自在、不懂事、爱玩,如果他们不是这样,我们就会担心。

我们并不提倡孩子气或是摆脱所有的束缚,但我们认为人仍需要一点自由自在。偶尔任由兴之所至,摆脱社会压力,你会情绪昂扬。游戏能够满足你对自由的需要。米莉是个电影迷,模仿她喜欢的影星惟妙惟肖。她不好意思表现这种天分,除了在未婚夫汤姆面前。汤姆也经常即兴加入表演,两人一起演一段最喜欢的电影片断。米莉说他们总是最后笑倒。

游戏是积累情感资本 人在全神贯注游戏的时候会促进情感健康。当然,什么是引人入胜的游戏,每对夫妇都不一样。对于你和你的伴侣来说,也许是爬山、玩大富豪、举办品酒会、看电影一直看到眼花,等等。不管你们喜欢什么,去做! 这些体验会增加你们人生的情感资本。跟"情感包袱"这个词相比较,就可以了解我们说的"情感资本"是什么意思。心理学家用"情感包袱"形容以往挥之不去的消极体验,而"情感资本"指的是过去的积极体验对你的持续影响。游戏就是积累情感资本的有益体验。

游戏让你有创造性 我们认为每个人都有创造的潜力,也都需要表现创造性。做一件有创造性的事情的时候,你对自己的感觉会更好,感到更有成就,更有生气。

有的人很幸运,从事有创造性的工作,不过,每个人都能够通过游戏变得有创造性,因为一切游戏都有创造的可能性。比如,如果你们一起去看戏,可以讨论你们对表演的观感,或是发明几段新台词,以此来发挥你们的创造力。如果你们去跳舞,就发明一种新舞步。如果是读推理小说,就试着一起编一个恐怖故事。作休假计划的时候,找一些以前从未一起做过的事来做(你们曾想过志愿参加考古挖掘或骑自行车穿越法国吗?)。每次你们在夫妻游戏中变得有创意的时候,都是在增加你们的情感资本。

游戏让你更了解自己 你做的每件事——你如何应对挑战,你跟人如何交往,你追求的利益——都让你深入了解自己是什么样的人。游戏帮助你认识自己。它会展现你在其他活动中没有表现出来的东西,它让你看到你的人格的宽广和丰富。

米莉和汤姆通过表演电影片断认识了他们自己的某个方面：

> 很多人认为我们太严肃了，从某方面来说，也的确如此。我们两人的事业都是刚刚开始，这是很严肃的事。我遇到汤姆之前，只知道埋头工作，跟他在一起，我发现自己可以有多自由、多荒唐。我们感到又回到了童年，我们觉得我们的感情真的很特别，因为我们不可能跟别人一起做这样的事。

游戏增强"我们"的意识

汤姆和米莉的案例表明，夫妻游戏使你们的关系变得独特，你们是在建立自己的小天地。用我们喜欢的说法，你们是在加强"我们"的意识。感情隽永长久的夫妻思考时不再用"我，你"，而是"我们"。而游戏，包括幽默，是增强"我们"意识的核心因素。对年轻夫妻进行的一项研究表明，幽默最通常的作用是使夫妻感觉更融洽。

在我们长期的关于婚姻的研究中，我们惊讶地发现幽默感对于我们采访的 300 对夫妇多么重要。我们阅读过的专业文献从未提到过幽默是感情长久的最重要的因素之一，但我们采访的夫妇中，近四分之三的人说他们每天都一起大笑，这是他们婚姻美满的重要因素。

游戏给你们的关系添加粘合剂。你们越是一起游戏，你们的关系就越紧密。有一位年轻妇女这样说：

> 本和我一起笑、一起游戏的时候，我会忘记所有
> 其他事：我所有的烦恼、忧虑和责任。我觉得想紧紧
> 地拥抱他，不松手。我也知道我们游戏的时刻曾帮助
> 我们度过感情的艰难时日，比如我们似乎对所有的事
> 情都有分歧的时候，我们两人的未来似乎陷于绝望的
> 时候。但当我想起那些有趣的时刻和那些亲密的瞬
> 间，我知道我们可以克服这些分歧。

为什么游戏使你们感觉彼此更接近？游戏中的什么因素产生团结？奇妙的是，原因之一是因为游戏使你们两人能够保持自己的个性。比方说，一个融合的团队是由每个都能为团组做出独特贡献的个体组成的。我们喜欢把夫妻比作两片完美地拼接在一起的拼图，彼此离不开对方，但仍能看出每一片是独立的个体。

游戏就有这种效果。游戏中夫妻都会有独特的作用。米莉表演的时候需要汤姆作观众或是配合自己表演。而汤姆需要米莉，因为如果没有米莉他就不会有这种表演体验。他们是两个个体，每人有自己独特的作用，在游戏的过程中加强了"我们"意识。

游戏也会使夫妻更融洽，因为游戏说明你们的关系很特别。正像汤姆和米莉发现的那样，只有跟亲密的人在一起，你才会随心所欲、孩子气、彻头彻尾地傻气。你跟他

(她)一起游戏,就等于在说,"我喜欢你,喜欢跟你在一起",也等于是说,"我足够信任你,可以在你面前放下我的拘谨,跟你一起犯傻。"

怎么不拘谨,怎么傻呢?建议你们做一做脸红测试。我们认为每对亲密的夫妻在游戏的过程都做过一些他们不愿跟别人做的事。如果强迫他们说出游戏的秘密,他们会很不好意思。如果你们没有做过什么是只有你们两人能分享的,那你们就没有享受到游戏的乐趣,没通过脸红测试。不过,如果你们一想到要告诉别人就脸红,你们就会明白为什么说游戏会增进"我们"意识,脸红测试就通过了。

游戏抚平皱褶

生活充满皱褶,衣服会发皱,人会发皱,关系会发皱,这都是不断积累的问题和烦恼造成的。在你们需要什么来抚平你们关系的皱褶时,试一试游戏。

用游戏解决问题

人总要面对这样或那样的问题:难以忍受的同事,管闲事的亲戚,让人头疼的家用器具。即使问题只跟你们中一人直接有关,也往往会影响你们两人。举个例子,卡伦是药物生物学家,她喜欢自己的工作,但讨厌她的上司。这位上司的管理方式专断、独裁,有很多天卡伦回到家都是又烦躁又疲倦。尽管这是她自己的问题,但却给她的婚姻带来很大的障碍。她已经到了必须解决这种状况以免自己的健康和婚姻都被破坏的地步。

一旦你跟某人建立感情关系,就不再有"我的"问题了,它总会在某种程度上变成"我们的"问题。卡伦迈进家门时不可能简单地关闭烦躁情绪,摆脱疲劳,她发现自己对丈夫克拉克没有耐心,宁可自己待着。显然,卡伦工作上的问题已经成为他们婚姻的问题了。

卡伦和克拉克有一些解决问题的基本技巧,他们懂得要开动脑筋,评估有创意的可选方案,然后一致同意采取某个行动。我们鼓励他们在常备技巧中增加一样工具:游戏。游戏为你们提供以有创意、积极的方式解决问题的身心资本,从而提高你们解决问题的能力。如果你的精力和主动性都不足,难题会看上去几乎不可能解决。克拉克就有过这个教训。一天晚上,他想帮助卡伦解决问题,减轻她的工作压力。但时间不对头,卡伦刚下班回家,又累、又沮丧,还生着气。讨论这个问题不光没有找到解决方法,反而使卡伦更生气,更沮丧。

克拉克意识到他做的努力使情况更糟了。他建议两人制定一个新的原则:在两人舒展、放松之前不谈工作。卡伦开始下班回家后跟狗一起跑步来"减压",与此同时,克拉克准备晚饭。

等到晚饭结束后,两人都处于较好的精神状态,开始谈白天的问题,包括用什么方式帮助卡伦和她的上司相处,以及如何使她工作上的问题不至于影响到婚姻。

　　游戏在解决问题方面也有一些直接的作用,你们可以在解决问题时"视情况"利用游戏,我们强调"视情况"是因为严肃的问题需要认真地解决,但同时,调侃一下在若干方面也有益处。

　　调侃可以控制压力和挫败情绪　压力和挫败情绪积累到一定程度会抑制人的创造性行动。想一想卡伦关于她上司的问题,她有什么选择呢? 先想想显而易见的几种选择——换份工作,或是承认上司那讨厌的行为是不会改变的,然后对这不予理睬——还有别的吗? 与其生闷气或是放弃,倒不如开玩笑,如"雇个人让他受点罪"之类,更能减轻压力,重新激发自己的创造性。

　　戏谑可以用来把敏感的观点讲清楚　克拉克知道卡伦的问题部分是由于她在上司苛刻、不公正的时候,宁可什么也不说,她会把火憋在肚子里,代价是头也痛,胃也痛。他该怎样向她指出这个问题呢? 一种方式是用指责的语气对她说:"你的问题在于向那个混蛋屈服,他才会为所欲为。"克拉克确实试过这种做法,结果却产生反作用。卡伦非常维护自己,列举了她不能开口的种种原因。

　　后来,克拉克在说的时候增加了一点调侃意味,说的是一回事,但更有效。"我很好奇,如果有一天你对他说,'嗨,笨蛋,不是那么回事儿,你知道的。'你那位暴君上司会如何反应。"

　　用调侃的口气讨论这个问题,使卡伦认识到自己没能为自己辩护,也认识到需要找到为自己说几句话而不会危及工作的方法。

　　游戏能把人拉回现实　这听上去几乎是矛盾的,难道游戏不是一种躲避吗?是的,但是我们每个人都会遇到非理性的时刻,在这种时刻,逻辑和道理都毫无用处。所以,如果你或你的伴侣不可理喻的时候,试试来点儿顽皮。心理学家威廉·贝切尔曾写过一个结婚 10 年的妻子,她说自己的丈夫"只有几次彻底失去理性"。有一次是因特网收费局不断给他们发来已经付费的账单,她丈夫为这事没完没了地发火,让她不胜其烦。一天晚上丈夫又在生气地抱怨,她灵机一动,说:"你说得太对了,我得脱下内裤表示赞成。"接着她把手伸进裙子里把内裤扯下。她的举动使丈夫吃惊地住了嘴,气也消得无影无踪,那晚他们做爱,之前由于丈夫的坏脾气,他们已经好几天没做过了。她的所有理性的努力都没有收效,而一个顽皮的举动却使丈夫又能客观地看问题。

　　戏谑能够成为解决问题的有效技巧　玩笑话对卡伦的上司会起作用吗?我们小心翼翼地提出这个建议,因为不是每个人都会很好地应对调侃。这得卡伦拿主意。她认为调侃或许会有用,也值得一试。她的上司责备她报告中缺少某些信息时,她的机会来了。因为上司很不公平,他给的期限太短,让她没时间做数据研究。卡伦觉得不能跟上司说他也有部分责任,那只会使他更生气,更要责备她。所以,她微微一笑,说道:"我真那么糟糕吗?你让我觉得我是露西·理查多和埃塞尔·梅尔茨的混合体。"他面无表情地看了她一会儿,口气软了些,说,"我不是说你糟糕,我只是说这份报告不够完整。"卡伦向他保证,只要有充足的时间,今后她一定会更仔细的。卡伦的调侃可能不会结束上司不公平的批评指责,但是勇敢地面对上司,并看到上司气焰小了让她感到好受些。那天晚上,她怀着好心情回家见克拉克。

用游戏解决烦恼

问到芭芭拉结婚一年来有什么体会时,她说:"我才知道保罗做的那么多事真让人讨厌。"她这么说一半是开玩笑,也有一半是认真的。她体会到的是我们每个人都最终会认识到的——我们的伴侣有时会让人非常厌烦。正是这些厌烦使得"天作之合"的感情关系摔倒在地。如果烦恼的事给你们的关系带来阻碍,你们都能做什么呢?

正确对待烦恼　你们的感情关系是令人开心的还是令人厌烦的,取决于你们如何处理由于两人的差异造成的矛盾——你们不同的习惯、喜好、做事风格等等。或许你喜欢家里总是干净整洁,而你的伴侣却觉得家里乱一点没什么大不了。或许你喜欢每天晚上 6 点准时在家吃饭,而你的伴侣却更喜欢想出去吃就出去吃。你或许对时尚很在意,而你的伴侣很少关心你们俩穿什么。你们都在发现对方有多惹人讨厌。

这一桩桩恼人的事令人厌烦,在一些案例中它们的后果有可能是灾难性的。一个男人对我们非常认真地说,他和妻子离婚了,因为两人总是就挤牙膏时挤牙膏管的哪个部位争吵。妻子从顶部挤,而丈夫从底部挤。我们虽然怀疑这对夫妻还有其他的矛盾,但他们的经历也说明了令人烦恼的分歧会变得危险。至少,它们可能会带来争执。

很不幸,这些烦人事儿造成冲突的时候,大多数夫妻是随着自己的原始本能采取攻击/防卫的态度:"你错了,我才是对的。"没有比这句话更能让两口子吵起来的了,它会使整件事一团糟。较好的做法是别把你们的分歧看作一场要打赢的战争,而是看作对你们创造性的挑战。你们的挑战是找到办法解决问题,使它不再影响你们的感情。

要做到这一点,要以"我们面临一个难题"而不是"你真讨厌"为前提。即使是伴侣的不可容忍的行为引起的分歧,如果你以"你真讨厌"开始,你们很可能会陷入一场徒劳的争吵。这样就不仅仅牵扯到伴侣的行为,而且涉及你的反应。因为这种行为威胁到你们的亲密关系,你们需要两人一起解决它。

顺便提一下,如果你提醒自己,不光是你讨厌别人,别人也讨厌你,你就会把重点放在"我们面临一个难题"。你的伴侣的行为可能是这一次矛盾的焦点，但过不了多久，引发冲突的也许是你的行为。

　　利用戏谑创造性地解决烦恼　戏谑可以从几种途径创造性地解决烦恼。首先，可以用调侃的回答缓和紧张，或是说明敏感的观点。看一看马克和莱斯丽的情况，马克是个极有条理的人，他做任何事都有一套完美的方式，而莱斯丽的生活作风更随便些。她在婚后第一次洗衣服时发现马克是多有条理的人。对莱斯丽而言，洗衣服很简单——把衣服扔进洗衣机里，撒点洗衣粉，然后开动机器。"没什么大不了的，"她对我们说，"但是马克可不这么认为。当他发现我的一套红色内衣把他的白色 T 恤衫染了之后，他大惊失色。"情况有变坏的危险时，莱斯丽对他说他穿粉红色会看上去很性感，缓和了气氛。"这话让他消了气，而且使他哈哈大笑，"莱斯丽说道，"危机暂时过去了。"

　　戏谑可以用来更理性地处理问题。我们还记得婚后第一次争吵，已经不记得为什么吵了，但是还记得当时的状况。那是上床以后，我们正为什么事争执不下。鲍伯是在那种喜欢生闷气的家庭里长大的，所以他只是说了声他要睡了，就关了灯——典型的逃避做法。在黑暗中，詹妮特开始大声地哼唱。"你到底要干吗？"鲍伯问她。"我想我们没解决这个问题之前不应该睡觉。"她回答说。灯又亮起来，我们解决了分歧。如果詹妮特指责或是迫使鲍伯继续讨论的话,僵持的局面会延续下去,而她戏谑的做法却收到成效。

用游戏解决杂草般的难题　据我们的经验,不管你怎么做,杂草是除不尽的。在某些季节里它们会消失,但迟早又会露出一点令人烦恼的绿色,我们又得采取行动了。

同样,夫妻常常在有效地解决某个烦人的问题后,却发现这个问题时不时又冒出来。我们称之为夫妻关系中的杂草问题。比如,如果莱斯丽以为将自己马马虎虎洗衣服的事情轻描淡写一番就改变了马克一丝不苟的生活方式,她就错了。下一次洗衣服的时候,马克拿自己的完美方式教她——一套从他母亲那里继承来的方式,一套让莱斯丽困惑不已的方式。刚开始,莱斯丽觉得这种方式有趣极了,但不多久,马克洗衣服的"完美方式"也应用在了其他事情上。他坚持认为自己知道做任何事的最好方法,这开始让莱斯丽愤怒,用她的话来说,"他开始让我发疯。"

莱斯丽和马克不同的生活态度使他们的关系濒临崩溃。他们的爱、责任感、改变现状的意愿,再加上资深医生的分析,挽救了他们的婚姻。他们活泼的幽默感也功不可没。马克说道:"有时我们只能笑我们之间如此不同,莱斯丽很了不起,她有办法温婉地取笑我那些过分的地方。当然,我们也发现我们之间的爱要远远超出我们的任何差异。"

所以,不要,千万不要期望有完美的解决办法。即使你们俩一致采取行动解决问题,也许偶尔还会有反复。如果你的伴侣又做出讨厌的举止怎么办呢? 不要灰心放弃,不要认为他或她无药可救,也不要唠叨,而要试试来点儿戏谑。

桃瑞丝和肯尼斯约会有一年了,他们彼此倾心,但是两个人都有些让对方讨厌的地方。肯尼斯像他的父亲约翰,视伴侣为理所当然,从不对妻子做的任何事表示感激;而桃瑞丝像她母亲爱米莉,总爱毫不留情地唠叨丈夫。

桃瑞丝和肯尼斯认识到他们是在学父母的样子,一致认为两人都应该改变,他们也为此做了很大努力。但是仍有反复,不过他们并没有为此生气(比如说什么"别学你那唠叨不休的妈妈"或是"别像你那对什么都不在乎的爸爸那样"),而是学会用戏谑的方式提醒对方改掉这些毛病。他们用有这些缺点的父母的名字称呼对方。如果桃瑞丝开始对肯尼斯唠叨他答应做的什么事,肯尼斯就会说,"好的,爱米莉,我会做的。"而如果肯尼斯对桃瑞丝满不在乎,桃瑞丝就会问,"喏,约翰,你喜欢我为你做的饭菜吗?"这对他们很管用。

游戏不停止

一起游戏有点像卖保险,有刚卖出去时的激动,也有之后长达几十年的保险佣金。同样,你们一起游戏的时候,得到的不仅是游戏的直接益处,而且在今后多年里,回想起游戏的体验时,你们仍能重温这些益处。

建议你们培养回忆以往游戏的习惯:"还记得我们……"一遍又一遍重温当时的乐趣。作为本章的练习,你们两人都回想一下你们一起经历的值得回忆的游戏。讨论以下问题:是什么使你们觉得它如此难忘?你的伴侣对它的感觉和你一样吗?为什么一样?为什么不一样?那次游戏是否显露出你们对游戏的态度有什么不同?这些经历对你个人以及你们的感情关系有什么益处?

寻找适合双方的游戏

你 对自己和你的伴侣(我们将之称为"跟你游戏的另一半")在游戏方面的喜好和需要了解多少？或许你了解的并没有你以为的那么多。让我们做一个小试验，阅读以下三种夫妻游戏，按照它们吸引人的程度排序，从最吸引人的(1)排到最不吸引人的(3)，然后让你的伴侣也做一次。

- 你到科罗拉多的休养农场度假一周，在那里骑马，远足，野炊，每晚跟大家聚在篝火旁。
- 你到纽约市度假一周，每晚欣赏百老汇戏剧，除了戏剧之外，你还尽情享受纽约的其他文化景观和雅致的饭店。
- 你请假一周在家里休息，拔掉电话，睡懒觉，看电视，看书，在花园里逛，想干什么就干什么。

你怎样排列这些活动？第一类基本上是户外活动,第二类是文化活动,第三类是以家为中心的活动。你喜欢哪一类？你的伴侣呢？你是否猜对了伴侣怎样排列这几种活动？你们认同对方的排序吗？

游戏多种多样,所以重要的是要了解你自己和你伴侣的喜好,才能一起过健康的娱乐生活。第一步是要看看你们的喜好有多不同或有多相似。

异性一定相吸吗?

你们一定曾听过"异性相吸"这句老话,或许甚至认识一些看起来不同点多过相同点的夫妻。这是否意味着人们更容易被那些游戏喜好跟自己不同的人所吸引呢？是否像一位年轻的女士所说的那样,"因为我们喜欢的事情不同,我们各玩各的"？答案很简单:不是。让我们来详细地分析这个问题。

同类相吸

很多研究表明你跟某人越相似,就越吸引他/她。如果你在寻找一份亲密的关系,而碰到某个你认为是"跟你相反"的人,通常你会想办法让那人知道"我没空",其实意思是"我没空跟你玩"。

想想这个问题。你更容易受那些跟你相似的人的吸

引,原因有几方面:

- 和跟你有共同价值观念、生活方式、喜好的人在一起,你会更轻松,更自信。
- 他们跟你有共同价值观念和观点,有助于培养你的自尊心。实际上,他们说:"你这样就很好,因为我也是这样。"
- 和跟你相似的人一起,你更容易告诉他你的思想和感觉,这对建立亲昵关系非常重要。

另一方面,看看几个例子,看看如果两个完全相反的人试图建立长久、隽永的关系会发生什么。第一个例子是关于一位职业心理学家的——这个人应该更清楚后果。有一天他告诉我们他结婚了,我们很惊讶,因为我们甚至不知道他对谁认真过。"这位神秘的女子是谁?"我们问道。但是听他讲得越多,我们越是摸不着头脑。再没有比他们更不相同的两个人了。最后,我们不得不问:"你们两个到底有什么共同之处?"他有些不好意思地说:"我们的性生活特棒。"

他们在性欲的推动下,以为可以过一种性胜过一切的心迷神醉的婚姻生活。他们努力了几个月想建立共同生活,但没有成功,他们甚至没坚持到一周年。

第二对夫妻共同生活了几年,他们在某些方面还是相似的。他们在同一个城镇长大,家庭背景相似,上的是同一所高中,两人都爱他们的两个孩子。但是到我们这里来寻求帮助的时候,他们已深陷痛苦之中。

我们研究他们的问题时,发现他们之间几乎没有共同之处。他们在养育孩子的方式上有分歧,他们为钱吵架,性生活不协调。他们的兴趣也相去甚远。他喜欢下棋、阅读、看股市行情、晚上在家里安静地度过。而她喜欢跳舞、看电影、参加晚会、旅行。显而易见的问题是:"你们当初为什么结婚?"

其实问这个问题有两方面原因。首先,我们想知道两个在很多方面如此不同的人为什么会彼此吸引。第二,回顾以往,重温当初使两人走到一起的那些事有助于挽回陷于困境的感情。可是在这个案例中,对这个问题的回答使情况更加无望。丈夫是这样总结的:

> 我们在同一个小镇长大,高中时开始约会。我们从来没有为对方神魂颠倒过,但是当时也没有什么适合约会的人。很快,我们的家人和朋友开始想当然地认为我们快要结婚了。很快他们表现得就好像这事就这么定了似的,所以我们就结婚了。

一离开他们的小镇,他们就被迫面对感情的现实。尽管我们努力想找一点让他们在一起的基础,但他们还是决定结束婚姻。

所以,异性真的相吸吗?唔,也许吧。但是我们对其长期的结果并不乐观。你和你的伴侣或许在很多方面相似,但是你得记住你们总是有差别的,这些差别的基础是什么? 这些差别有多重要?

游戏中的男人和女人

有句非常流行的话这样说:"男人来自火星,女人来自水星。"这或许会让你以为夫妻是外星人相结合。的确,男性和女性之间有很大的差异,但是我们不认为你是在跟一个外星人一起生活。那么,这些差异有多少是性别造成的,又有多少是由不同的喜好造成的? 首先让我们看一看性别造成的差异。

没有绝对的性别差异

性别的确会造成我们之间的某些差异,比如,男性和女性之间的幽默感有如下差异:

● 就说话的幽默而言,男性更有发言权,而女性更可能是听众。
● 男性比女性更经常被玩笑或有趣的故事逗笑。
● 女性比男性更容易被人或动物的滑稽动作逗笑。
● 总的说来,女性比男性笑得多一些,但男性比女性更能逗别人笑。
● 同时,男性和女性喜爱双关语和电视剧的程度没有什么不同。

请注意我们列出的这些差异中的重要东西。"更可能"、"更经常"、"多一些"这些字眼说明我们讲的是反应较小差别的倾向。对许多夫妇来说这些情况并不适用,有时甚至刚好相反。比方,我们就认识一些夫妻,女方讲话幽默,而男方是听众。

换句话说,不管男女幽默感的差异有什么原因,都不是我们的生理结构造成的。其他类型的游戏娱乐也是如此。女人男人都喜欢运动,男人女人都喜欢烹饪。谢天谢地,关于哪些活动适合男人,哪些适合女人的老一套说法已经成为神话传说的一部分了。

总之,你与你的伴侣不论在娱乐游戏的喜好上有什么差别,都不见得是性别差异造成的。这些差异倒反映出你们是两个独特的个体这一事实。

留点时间给自己娱乐

每个人都是独一无二的,世上没有另一个人跟你完全一样。所以,即使你是跟一个和你非常相似的人结合,你们俩也会有很多不同之处。我们自己的婚姻就是两个很相似的人的结合。我们的社会文化背景相同,都在圣路易斯长大,上的是同一所高中(不过不同年);我们在同一所大学获得博士学位,都从事写作,同时又是教师;我们有相同的信仰和政治倾向,价值观念和生活态度上也鲜有差别。

但我们也有不少不同之处,最明显的莫过于娱乐爱好。刚开始,詹妮特喜欢园艺、有氧运动、烹饪美食;而鲍伯喜欢橄榄球、钓鱼、电脑游戏。

每对夫妻,都会列出这样一个只有一方喜欢的娱乐活动清单,但是我们认识的有着令人艳羡的感情关系的夫妻都能列出一张更长的双方都喜欢参加的活动清单。游戏爱好方面有所不同是不可避免的。其实,有差异很好,因为你们不光需要时间进行夫妻游戏,也需要有时间个人娱乐。

比如黛比和提姆的例子,克服了刚开始的困难之后,他们学会了如何适应他们在娱乐游戏方面的差异。据黛比讲,其实两人以前一直喜欢很多共同活动,尤其是游泳、跳舞、看电影。但结婚后,他们发现了棘手的差异:

看书一直是我最喜欢的消磨时间的方式之一,这是我从小养成的爱好。但是提姆是个运动狂,他喜欢参与运动,也喜欢看体育节目,而且他什么都看,从垒球比赛到又丑又笨的卡车在泥浆里比赛他都爱看。

我们直到婚后每天一起生活时才认识到这每一种活动对我们意味着什么。有一段时间,我们试着适应双方的爱好。我们一起靠在沙发里,提姆看体育节目,我看书。但这行不通,噪音吵得我无法集中精神。

我觉得除了睡觉,我们在家的每时每刻体育频道都开着。我抱怨过声音太吵,讲解员那些空洞的解说——至少我这么认为——尤其让我恼火,我的态度也开始让提姆烦躁。

终于，一天晚上我觉得我们得另外想个办法，我对提姆说我要到卧室去，然后我关上卧室的门看书。他说这听上去好像我们已经是一对各过各的老夫老妻一般。我也不舒服，我不想从今以后各干各的事情。不过我们决定试一试。他看他的节目的时候，我就在卧室读书，不过限制在一小时，最多不超过两小时。

他们各自的娱乐时间并没有损害夫妻娱乐时间，也没有影响他们的感情。黛比说："其实，我们每人都有一点时间做自己非常喜欢的事，这样我们在一起的时间就更愉快。"

如果你们跟黛比和提姆一样想了解你和伴侣的娱乐喜好，适应你们在这方面的差异，那么下面的游戏档案很有用。做的时候，你会发现自己和伴侣的某些特点。

建立一份游戏档案

分头做自己的游戏档案，这样你们不会影响对方的答案。重要的是要根据你个人的好恶回答问题，不要考虑你的伴侣会有什么想法。

我的游戏档案

首先,在一张纸的边缘列下数字 1—30,这些数字代表游戏档案的 30 种活动。然后用下面的评分标准表示你的好恶程度如何。

1—非常厌恶

2—不喜欢

3—不喜欢也不讨厌

4—喜欢

5—非常喜欢

如果你从未尝试过某项活动,可以答 3,或是按照你认为自己会喜欢或不喜欢的程度回答。

1.参加宴会

2.跟别的夫妻一起在外吃饭

3.参加政治团体或社会活动团体

4.举办宴会

5.参加书社或美食烹饪俱乐部

6.去博物馆

7.听音乐会

8.看电影

9.旅行

10.做艺术品或手工艺品

11.讲笑话或好笑的故事

12.听笑话或好笑的故事

13. 做可笑的动作

14. 看电视剧

15. 在日常小事中发现幽默

16. 玩棋盘游戏

17. 玩拼图游戏

18. 玩电脑游戏

19. 打牌

20. 玩手势猜字游戏

21. 远足

22. 参加体育运动

23. 看体育比赛

24. 做有氧锻炼

25. 野营

26. 和伴侣一起沐浴

27. 跟伴侣调情

28. 跟伴侣拥抱、牵手

29. 给伴侣写情书

30. 跟伴侣做爱

你的游戏档案是什么？

　　给每项活动打完分后，你就可以开始完成游戏档案了。这30种活动代表6个类型：前5种是社交活动，之后是文艺活动（6—10）、幽默感（11—15）、游戏比赛（16—20）、体育活动（21—25）、谈情说爱（26—30）。将每组的五项活动的分数相加得出你此类活动的分数(应在 5—25 分之间)。将答案记在纸上,你各类活动的得分表示你对不同类型活动的好恶程度。

例如,某人的分数也许会是这样:

1. 社交活动—12
2. 文艺活动—15
3. 幽默—20
4. 游戏比赛—8
5. 体育活动—22
6. 谈情说爱—22

显然,有这样分数的人对游戏比赛的兴趣很低,对社交和文艺活动有部分兴趣,非常喜欢幽默、体育活动、谈情说爱。

总有适合你们俩的游戏

如果你们的分数相近,那很值得庆祝一番。你们的好恶相同,增加夫妻游戏的数量就容易得多。但是如果你们的分数不同呢? 你们的分数很可能有一定程度的区别。那就多花点儿力气找到适合你们的夫妻游戏。你们可以像黛比和提姆那样把只有一方非常喜欢的活动作为个人游戏。夫妻游戏不一定非要局限在你最喜欢的活动中。比如,黛比或提姆都不会视跳舞为自己最喜欢的活动之

一,但是,如果读书能给黛比带来好处,体育节目能给提姆带来好处,那么跳舞也能给他们带来好处。正像黛比说的:

> 我说过,我喜欢看书。我也喜欢跳舞,但比不上看书。不过我得承认,跟提姆跳一晚上舞感觉好极了。它是我们爱情生活的颤音。

黛比和提姆很幸运,他们的喜好很接近。可如果你们俩的喜好差距很大呢? 一起游戏还能找到快乐吗? 这对你们很难,但我们相信答案仍是肯定的。我们每组游戏只列出了 5 种类型,还有很多很多,所以即使是把体育活动排在最后的人,也会找到某项体育活动是他或她喜欢的。因此,如果你把体育活动排在单子的首位而你的伴侣把它排在末位,你们也不需要把体育活动排除在夫妻游戏之外,坚持寻找直到找到某项你们都喜欢的体育活动。

如果你们看完了本书的所有案例,包括最后一章的一长串清单,相信你们会找到很多吸引你们两人的各种游戏。我们先前提到的那对几乎没有共同爱好却因为亲朋的期望而结婚的那对夫妻呢? 我们相信他们的感情也是可以挽回的。但是我们遇到他们的时候,他们已经明确决定要分手,到我们这儿来也许只是使良心好过些,让家人相信他们已经尽了最大努力来克服他们的不同点。

威尔和卡拉也在游戏爱好方面差异悬殊,但他们的结果却大不一样。他们结婚时很年轻,埋首于自己的事业,养育独子,总的来说就像威尔形容的"感情关系一直是磕磕绊绊地向前走,直到布莱德离开家去上大学,空巢的冲击逐渐平息后,我们认识到我们的感情几近崩溃。多年来,布莱德一直是我们共同生活的核心,现在我们觉得几乎像住在同一屋檐下的两个陌生人,这种认识为我们敲响了警钟。"

但是威尔和卡拉不想放弃,他们认为需要为两人的感情注入活力。卡拉对我们说:

我们知道我们得想办法重新沟通。首先,我们认为需要加强交流(communication)——我们称之为大写的 C。多年来,我们的交谈大多是关于布莱德或工作,因此我们都同意每晚花些时间谈谈我们自己和我们的婚姻。相信我,这不是件容易的事,但我们做到了。我们开始谈我们的感觉,我们的希望和渴望。我们在交谈中发现我们的婚姻中几乎一直没有什么游戏和娱乐。

因此我们决定要解决这个"大写的 P"(大问题)。我们都认为我们的婚姻中之所以没有什么游戏是因为我们的爱好差别很大。威尔喜欢的是整个下午在游泳池游泳,而我喜欢跟一群朋友去采购古玩。我们的问题由此可见一斑。

威尔和卡拉努力克服两人之间的差异、为感情生活增添趣味可不是件易事,但他们持之以恒。最后,就像威尔说的,他们找到两人喜欢一起做的两种活动:

> 我们发现打网球很合适。卡拉一直对体育活动缺乏兴趣,但她真的喜欢上了网球。她说奔跑着击球能让她忘掉所有的不快,而我喜欢各种运动,所以不费吹灰之力就成了网球迷。我们发现的另一点是我们都喜欢桥牌。我们是因为有个朋友教我们才开始玩的,我们加入了一个桥牌俱乐部,每周都有活动。我沉迷于这种游戏的错综复杂,而卡拉喜欢牌桌上的俏皮话。

威尔和卡拉说他们正在"享受生活",他们的感情"从未像现在这样好过"。

威尔和卡拉的经历说明即使夫妻俩娱乐喜好不同,也能找到共同点,而且很多游戏项目不止属于一个类型。比如,桥牌既满足了卡拉的社交活动需要,也满足了威尔对游戏比赛的兴趣。我们有一次将文化活动和比赛结合起来,四处搜寻一整套普利策文学奖的获奖小说。在本地遍寻不获后,我们就在旅行的时候到旧书店去。我们每到一个新城市就寻找不容易寻获的普利策奖小说,比赛谁第一个发现它。

所以,你们的游戏档案是用来增进夫妻游戏的工具。

了解你自己和伴侣的喜好之后,你们就能更明白要找什么样的新活动,另一个重要的工具是你们的夫妻游戏商数,让我们看看它是什么。

你们的夫妻游戏商数

如果说游戏档案反映的是你个人的喜好,那么夫妻游戏商数(CPQ)则反映你们感到感情关系中某种娱乐是充足的还是缺乏的。

做完之后,将你的每种类型游戏的分数和你伴侣的分数相加,再将6类的和相加,得出总分。你们的CPQ就是总分跟6类游戏的分数(见以下案例)。

你们的CPQ分数中的总分应当在0(这意味着你们的游戏极为匮乏)和240(你得想想加得对不对)之间,理想的总分应当是120分,假设你们得到这分数是因为每类活动的分数都是10分,这也就是说你们两人对每类游戏的量都非常满意(如果是这样,我们巴不得在写这本书之前就认识你们)。注意,你们的总分总是要依据那6个独立的分数来解释。比如,如果你给前3类打的分数都是20分而后3类都是0分,而你的伴侣跟你正好相反,那你们的总分也会是120分(插句嘴,这说明你们有较大的问题要解决)。

我们的夫妻游戏商数

各自用给出的评分标准给以下6类活动打分(请

参考游戏档案中的例子,回想每一类都含有哪些游戏活动):

　　0—我们参加这类活动比我希望的要少得多

　　5—我们有时参加这类活动,但我希望能更多些

　　10—我们参加这类活动的数量刚好满足我的希望

　　20—我们参加这类活动多过我希望的

　　1. 社交活动—

　　2. 文艺活动—

　　3. 幽默—

　　4. 游戏比赛—

　　5. 体育活动—

　　6. 谈情说爱—

　　我们用一对虚构夫妻的分数(姑且称之为山姆和戴安)为例来说明分数代表什么:

山姆	**戴安**
1. 社交活动—5	1. 社交活动—10
2. 文艺活动—10	2. 文艺活动—5
3. 幽默—5	3. 幽默—5
4. 游戏比赛—20	4. 游戏比赛—10
5. 体育活动—0	5. 体育活动—5
6. 谈情说爱—5	6. 谈情说爱—5

山姆和戴安的夫妻游戏商数是：

1. 社交活动—15

2. 文艺活动—15

3. 幽默—10

4. 游戏比赛—30

5. 体育活动—5

6. 谈情说爱—10

　　总分 = 85

　　戴安和山姆的分数远没有达到理想的 120 分。看看每一类的分数，很明显他们的游戏比赛类活动够多了。山姆认为他们参与太多此类活动，可能在他的游戏档案中，游戏比赛是他最不感兴趣的一类。也或许他喜欢游戏比赛，但认为他和戴安在这方面花费了太多时间，这是他们两人需要讨论的问题。

　　戴安和山姆也需要兼顾其他类型的活动，尤其是得分最低的那些：体育活动、谈情说爱、幽默等。比如他们可以少花点时间玩大富豪游戏，多花些时间去公园散步，或是在床上扭打。或者还可以寻找其他方式增加生活中的游乐时间。

　　讨论你们自己的夫妻游戏商数时，要在心里想着需要增加游戏数量的领域。下一章我们将讨论游戏的黑暗面—即那些没有能增进感情的趣味性反而会破坏感情的游戏，但在随后的几章我们将讨论随兴而动、展示创造性、在平常时间找到游戏的空间等。阅读这些章节时,把你们的游戏档案和 CPQ 放在手边(或至少记在心里),它们能帮你们找到办法解决夫妻游戏不足的问题。另外,我们还将用几章的篇幅讨论幽默和谈情说爱——因为几乎我们认识的每一对夫妇都想在生活中增加这两类活动。

在这之前,先做做我们的"游戏不停止"的另一个练习。

就这样,我们努力想让他们说得具体些,制定一个可行的行动计划。在这篇练习中,我们想让你们知道怎样具体化。再次看看你们的游戏档案,拿出每人列的头两类(根据你们喜好的相似程度不同,它们加起来或许是 2 类、3 类或 4 类)。原本每一类只有 5 项活动,你们一起想出更多的活动来。给你们最喜欢的每一类都列出尽量多的活动来。完成后,浏览一遍所有的活动,选出那些你们都喜欢或是愿意一起做的,然后看看有多少项可以列入你们的日程。记住,在没有真正实施它们之前,你们就还不够切实具体。

游戏不停止

在增进婚姻关系的周末活动、课堂、支持团体等,与我们共事的大多数夫妻都能为自己设立很高的目标,他们想加强交流,想更有效地解决冲突,想对彼此的需要更敏感,想更爱游乐,等等。

设立目标不是问题,难的是实现目标。所以我们督促每对夫妻更具体、更切实地想想如何实现目标。有时需要很多提醒,就像下面这段采访者(I)和被访人(S)的对话:

I:你们的目标是什么?

S:我们想增强婚姻关系。

I:你们想怎样实现呢?

S:我们要变得更喜欢游乐。

I:怎么做到呢?

S:我们要做更多有趣的事。

I:你们具体要怎么做?

S:我们要在感情关系中更多地谈情说爱。

游戏的禁忌

梅格和埃德正打算结婚,这时他俩的关系出现了障碍。他俩都抱怨说对方变了:梅格觉得埃德占有欲过强,埃德则认为梅格失去了幽默感。下面是梅格的说法:

　　我觉得埃德总是在监视我,总是怀疑我对他的承诺不是认真的。因为工作关系,我有许多工作午餐。两个月前,埃德开始不厌其烦地盘问我都和谁一起吃午饭。我经常和男同事一起吃饭,如果碰到这么一次,他好像盘问得更紧了。而且还不止是工作午餐。

　　他认为我认识的每个男人都对我有意思。如果他打来电话时我不在家,他就要我解释上哪儿去了。如果我是出去买东西,他就要问为我服务的是男是女。如果是男的,他就要问一些没有道理的问题,像那人看到我时有没有把眼珠子瞪出来。他是不是以为我整天到处鼓励男人来和我亲热?

然后是埃德的说法:

> 梅格是个漂亮的女人。我问她男人对她有什么反应只是开开玩笑而已。我以为她能听出来我是在赞美她。不错,我是觉得每个男人都对她有意思。如果我不是已经和她在一起了,我也会对漂亮女人动心的。可这并不是说我不信任她。我以为她知道我只是在逗她,是在用开玩笑的方式告诉她她有多么迷人。

不必再说细节,只说埃德是在无意识地控制对方就足够了。虽然他确实认为自己在开玩笑,可是,他与梅格做的"游戏"并没有因为他自己没有意识到而减低伤害程度。

梅格不明白埃德这样做的原因是什么。是对他们的关系感到忧虑吗?是他嫉妒心太重吗?他是不是认为她对他和他俩的关系并不认真?她不知道这是怎么回事。有一件事她很清楚:她不认为他那样盘问她是开玩笑或是赞美她。为了使他们的关系不致破裂,埃德必须认识到自己的玩笑话(至少他是这么认为的)是要控制梅格。因此,他要改正自己的行为。

许多人像埃德一样,没有充分认识到自己正在玩的游戏是有危害性的。有时他们这样做是出于极大的情感需要或严重的情感问题,也许需要心理治疗。不过,玩危害性游戏的人(有时也包括我们中的大多数人)通常并没有认识到自己在做什么,他们要意识到自己的行为。我们希望你能警觉到有危害性的游戏所涉及的各种行为,并考虑该如何改正。

回忆一下我在本书第一章中给出的夫妻游戏的规则。简而言之,如果不是认真的,如果夫妻双方都喜欢,如果游戏之后夫妻双方都更加喜爱对方和彼此的关系,那么,这就是夫妻间的游戏。你会看到,危害性的游戏同时违反了这三条规则。

占山为王的游戏

有一种小孩玩的游戏,叫"占山为王"。一个孩子站在小山顶上(我们小时候玩这个游戏时,通常是把院子里的大土包或斜坡当作小山),其余的孩子就要把这个孩子赶下来。成功地把旧王赶下去的孩子就成了山上的新王。很明显,在这个游戏中,每个孩子都试图成为群体中的统治者。

如果一对夫妻之间玩这种占山为王的游戏,他们也是在建立一种统治和顺服的关系。弗兰克和凯利之间就是如此。他俩都是爱运动的人,动不动就会打起来。凯利追着弗兰克满屋子跑，把他摔到地上，都不是稀罕的事。可是，打了两次看似无关痛痒的枕头战之后，凯利有些警觉。

> 头一次很好玩。那是星期六早晨，我们正一起整理床铺，弗兰克突然把他的枕头冲我扔过来。我拿起我的枕头，用力打他，我们就这样打起来了。扔完枕头，我们又在床上扭打起来，后来又做爱。感觉非常好。
>
> 第二次弗兰克用枕头打我时，我以为他想像上次那样做爱！可他不是那样。他只是不停地用枕头打我，有两次他确实打得很用力。我叫他停手，可是他不停，直到我说，"我认输"为止。

弗兰克的这种行为很令人担忧。枕头战在他眼里是不是变成了一场统治和服从的游戏？他是不是以这种方式来表明自己的力量最大，表示他认为凯利要服从他？他是不是要在自己的家里占山为王呢？

弗兰克却不这么想：

> 我把凯利打疼了，心里真的很过意不去。可是她自己也狠狠地打了我一下。我挨了打，就还回去，根本没想扔枕头时用了多大的劲。

弗兰克和凯利都是争强好胜的人。第一次枕头战他俩都很喜欢。可是,在第二次枕头战中,他俩同时违反了夫妻游戏的三条规则:弗兰克争胜的时候,游戏变成了认真的;凯利不喜欢这种争斗;这使她开始怀疑他俩关系的质量。

显然,他俩的枕头战不再是游戏了。那会是什么呢?为了了解事实,我们问了凯利几个问题:

"弗兰克有没有在其他方面控制你?"

"我想没有。"

"那别的游戏呢? 他是不是好像非赢不可?"

"没有,不太像。我们玩墙球时,他很想赢,可是我赢了他也很高兴。他总是说我的球打得很好。"

"那做决定的时候呢? 在钱财、购物、如何消遣方面,是谁做决定?"

"是我们俩一起。"

"如果你不同意他的意见呢? 谁作最后的决定?"

"这种情况不太多。不过遇到这种情况时,有时我赢,有时弗兰克赢。我确实不相信弗兰克是要控制我。"

凯利衡量过自己的处境之后,得出了结论:必须停止枕头战。她认为这不是他俩关系中更深层次问题的表现——即弗兰克内心深处要控制她的表现。尽管如此,枕头站已经不是简单的游戏了。正如精神病学家 Lenore Terr 所说,它变得"过于骇人,竞争的成分太多,达到危险的地步"。

在任何一种活动中,如果一方决心控制另一方——使另一方变得顺从或保持顺从——那么这项活动就不会是玩乐,而更可能是破坏性的游戏。毕竟,玩乐的目的是开心,而不是控制对方。当你一个人高高在上,占山为王时,可能会感到一时之快。可是,只有当你的伙伴站在你身边而不是臣服在你脚下时,才是真正的玩乐。

游戏是青春之泉

各种有助于我们逃避岁月侵袭的药剂、面霜以及各种各样令人眼花缭乱的养颜办法出现在广告上,每天对我们频频攻击。这些产品和服务非常红火,因为美国人认为青春是非常珍贵的。赞同这个想法的人往往会把玩乐变成青春之泉的游戏。他们不是为了玩乐而享受玩乐,而是要以此来证明自己还很年轻。

例如,60多岁的Drew这样回忆:

> 我30岁时,参加过一个篮球队,在我家附近的体育馆里打球。我们队里只有五六个队员,都是30多岁。有时我们一场球打下来可以不要替补。我们联合会其他球队的队员大都是十几、二十多岁的小伙子。更糟的是,他们人数还比我们多。
>
> 对我来说,打比赛是一个锻炼和玩乐的机会。我们常常输球,可是我并不在乎。可是,有两三个队友却不这么想。他们想要赢球,要证明自己比得过其他

球队里的年轻人。当然,他们的努力差点儿要了自己的命。时间长了,他们证明的无非是自己不再像从前那么年轻敏捷了。我们常常输球,每次输球之后,他们都垂头丧气,情绪低落,也破坏了我们的兴致。

如果夫妻在游戏中有一方或双方都要利用玩乐来证明什么,当年发生在德鲁身上的事就会发生在他们身上。你可以在以下几种人身上看出这一点:

● 硬拉着伴侣去做艰苦的徒步旅行的男人,他不是要享受大自然,而是要证明他仍然有徒步旅行的精力和体力
● 在丈夫生自己的气时说孩子话撒娇的妻子,她不是要缓解紧张气氛,而是要表现她就像敏感的小姑娘一样需要呵护,而不是责备
● 坚持在聚会上待到凌晨的夫妻,他们不是因为玩得高兴,而是要证明自己没有变得年老而呆板

对于夫妻间的游戏,德鲁有一段充满智慧的评论:

关于玩乐,我学到了一点,那就是,你现在喜欢做的事也许几年后就会变样儿。我和比丽刚结婚那会儿总爱做些傻事儿。比如,我拿一条毛巾缠在脖子上冒充超人,她就扮成 Lois Lane。你可以想像我们都有过什么样不同寻常的经历。我们俩现在还会做些无

聊的傻事,可是方式不同了。我不再扮超人,换了一个比较温顺的角色。脖子上绑着毛巾从床上蹦起来这种事我不再做了,不过我学会了几可乱真的意大利口音和浪漫的调情。

我觉得,对每对夫妻来说,不断尝试新的娱乐方式是很重要的。现在我们的品味变了,可是玩乐对我们来说还像20多岁时那样重要。只是我们玩乐的方式不同了。

我们完全赞同。随着年龄的增长,要乐于尝试新的玩乐方式。这并不是说有些游戏你不能玩一辈子或是一生的多数时间。我们见过六七十岁的老夫妻还在打网球,显然他们已经打了几十年了。我们还认识一些夫妇,他们一生都喜爱戏剧、参观博物馆,还有其他的文化活动。

关键是,要凭兴趣玩乐,而不是为了证明自己还像以前一样年轻。

"我我我"游戏

在"我我我"游戏里,参与的一方总是关注的中心。游戏的焦点集中于它为这一方所带来的益处。

极端的例子是有自恋心理的人。在所有情形下,自恋狂都努力要成为受仰慕受尊敬的人,在游戏中也一样。

有一次,在我们的聚会上,请一位有名的女钢琴家弹奏一曲。她开头弹的是一首古典曲子,后来又弹了几首流行歌曲。几分钟后,她的丈夫取而代之,他嘴里哼着曲子,伴以造作的手势,兴高采烈地满屋子手舞足蹈。他的妻子笑了笑,很快就停止了演奏。聚会上的其他人都笑着为这对夫妻鼓掌,可是整个表演中显然有一种不自在的感觉。

我们和这对夫妻很熟,所以对这位丈夫的表演并不感到惊讶。他这是典型的要成为众人注目的中心。他是标准的自恋人格的例子,无法真正地玩游戏。当然,他因此也使妻子失去了玩夫妻游戏的机会。这段婚姻后来破裂了,谁也没有感到惊讶。

每个人都可能偶尔陷入我我我的游戏中。这并不足以说明你有自恋情结。比如,如果你对自己的伴侣或另一对夫妇提议的游戏不感兴趣,就可能想玩自我为中心的游戏。在这种情况下,你也许会坚持让每个人照你的意思做,简而言之就是说,"你们要依照我的条件玩,要不谁也别玩了。"

出现这种反应是件令人遗憾的事。如果你只愿意做那些能令你立刻大感兴趣的事,那你就会错过许多愉快的经历。开始不愿参加的活动实际上非常有趣,我们每个人都有过这种经历。当然,也有些时候你起初的反应是对的,你无法享受眼前的活动。你可以想,只要你的伴侣玩得高兴,那么这场活动还是值得的,这样你就会好受一些。

报复游戏

孩子们在很小的时候就学会了报复。无数的夫妻都很发愁地问过孩子:"你为什么要打你的兄弟?"得到的回答却是,"是他先打我的。"在孩子看来,报复完全是有理的。遗憾的是,许多成年人并没有摆脱这种幼稚的心理,他们忽略了谅解在人际关系中的重要性和化解恩怨的力量。

最糟糕的是,报复会使一对伴侣中一方在内心深处对另一方怀有持久的敌意。不过,报复也会反映暂时的沮丧、愤怒或伤心等感情。所以,一位丈夫坦诚地对我们说:

我在舞厅教了几年舞蹈,曾经答应过我的妻子教她几种比较复杂的舞步。现在我很不好意思地承认:有一天我们在吵架之后决定练习舞步。我猜她当时是以为一切都已经平静了,可是我没有平静。我心里还窝着火。所以我们跳舞的时候,我有两次故意踩到她的脚上,然后装作是她的错,怪她没有好好跟上我的步子。

不用说,我们那天的舞蹈课不欢而散了。她没有怪我故意踩她的脚,不过她心里明白我的舞技不会差到那种地步。那次差点儿让我们不能一起跳舞了。我从这件事里学到了什么呢? 就是要把我们的分歧彻底解决,直到我们俩心里都没有疙瘩为止,而不是装作什么问题也没有,然后互相报复。表面上报复似乎比谅解容易得多。可是,当我谅解她而不是报复她时,我感觉轻松多了。

这位丈夫讲的谅解真是一语中的。互相谅解是避免陷入报复游戏的最好办法。在亲密的关系中,谅解是有力的武器,我们常常搞不懂有些人怎么会不愿意使用它。当然,你总会拿出不谅解的理由来。例如,如果你的伴侣伤害了你,你也许想要报复对方,而谅解是不允许报复的。或者,你也许害怕再受伤害,怕自己受到伴侣这类行为的攻击。或者,你的伴侣也许认为自己没有做错什么,那你怎么能原谅毫无悔改之心的人呢?也许有人劝你"忘记并原谅",而你又想不通怎么可能忘记伤害过你的事。

我们不接受以上任何一个理由。只要你对伴侣怀有怨恨、气恼或痛苦的感情,你就无法参与夫妻游戏。一位年轻的丈夫在生妻子的气,因为他们一连两个星期都没有性生活(她的工作很紧张,使她筋疲力尽)。一个周末,他同意请几个朋友来吃晚饭。她以为和朋友们度过愉快的晚上会是他俩浪漫之夜的序曲。遗憾的是,他与客人们言谈甚欢,而妻子说什么他都报以简短冷漠的回答。在此期间,他有两个度过愉快夜晚的机会,可是都被他毁掉了——一次是和朋友们的,第二次是和妻子的。他报复了,但付出的代价是加重而非减轻了自己的沮丧情绪。

如果你或你的伴侣难以原谅别人,那么就记住原谅的意义吧。它不是要你把伤痛从记忆中完全抹去,而是要你努力释放自己的伤痛,并与伴侣一道弥补损伤,重建亲密的关系。一定要告诉你的伴侣你为什么会有某种感觉,让伴侣理解你的感觉,而且你还要承认,造成问题自己也有过错。在需要原谅时,不要忘记,在你们的关系中,惹人生气的人不止一个。你不止要原谅别人,也需要别人的原谅。换句话说,如果你记住自己不仅是被惹恼的,也是惹恼别人的,那么就很容易原谅对方。如果你们都学会了在必要时原谅别人,那么你们会为更多的夫妻游戏做好准备,为更加亲热的关系做好准备。

猜谜游戏

结婚多年之后,我们仍旧能发现对方身上的新鲜东西。我们对彼此来说都是一本敞开的书,但还是保留着一丝秘密。一丁点秘密是有好处的,但太多的秘密就是另一回事了。你们不应该隐瞒自己喜好哪类游戏。你们要清楚哪种游戏对你们双方都意味着什么,也要了解对方的好恶。

遗憾的是,丹尼斯和简忽略了这个忠告。刚刚结婚时,他们买了一艘摩托艇。夏天,他们几乎每个星期六都会到附近的湖上兜风。丹尼斯认为以这种方式放松和享受二人世界是最好的。于是他建议在湖边买一座小屋,这样他们可以整个周末都在湖上。简不喜欢这个主意。实际上,这时她已经厌倦了这么多星期六都在船上度过。可是她没有把自己的感觉告诉丹尼斯。丹尼斯感觉到有什么地方不对劲儿,但从来没有直接问过简。

一个周末,他俩有如下对话:

> 丹:"快点儿,简,我们要晚了。今天你真是磨磨蹭蹭的。"
> 简:"我累了。我们有的是时间。"
> 丹:"你不想去吗?"
> 简:"我当然想去。你不想去吗?"
> 丹:"我们常去。今天不去也无所谓。"

这段对话中令人注意的是,他俩都没有向对方说出自己的真实感觉。简从来没有对丹尼斯说她不愿那么经常地去湖上玩。她假装仍旧很积极,可是以丹尼斯对她的了解,并不相信她的热衷是发自内心的。而丹尼斯虽然很想去湖上玩,却装作很愿意留在家里。两个人谁也不确定对方的真实想法。他们没有探究彼此的感觉,而是像往常一样,每到星期六就出发去湖边。

可是,对他俩来说,这已经不是夫妻游戏了。简想留在家里,而丹尼斯因为察觉到她的勉强而无法享受游玩的乐趣。

简和丹尼斯的故事说明,要避免猜谜游戏,就要彼此坦诚。这并不总是件容易的事。有时,你们也许像丹尼斯和简一样,因为想要对方高兴而不愿表达自己真实的想法;有时,你会因为不愿引起争执而掩饰自己的感觉;有时,你也许连自己的真实感觉都不清楚。

里克和莫尼卡约会将近一年了,他很赞成保守一些秘密,主要是因为他还不确定自己对莫尼卡的感情。他总是说一些话,让莫尼卡怀疑他对她有多少感情,是不是愿意和她一起生活。可是,每当莫尼卡问他的时候,他总说那些话不过是玩笑而已。例如,他会说这样的话:

- "你要是点菜单上最贵的菜,那付账时就要一人一半。"
- "哇,那套衣服一定很贵吧。"
- "我本来打算下个周末和你一起出去旅游。可现在说不好。也许你要和你父母一起过周末吧。"
- "你觉得自己得花多少时间和精力才能变得像模特那样?"

最后他俩分手了。她无法继续一边和他约会一边猜测他对她的感情。她认为他的"玩笑"不是两人游戏的方式,而是表现了他自己也拿不定主意该让两人的关系如何发展。她是正确的。

滑稽游戏

我们在第二章讲过,幽默是建立亲密关系的一个重要工具。不过,它也可能被用来逃避亲密关系。有一个人,我们认识他十多年了,可是并没有真正了解他。他从来都不直接回答我们的问题,也从来没有和我们认真地讨论过问题,因为他把什么都当成玩笑。要了解一个人,对他产生亲密的感情,既需要幽默,也需要认真。

幽默可以用来避免争执,或避免作重要的决定。例如,凯文最先吸引布鲁克的就是他的幽默感。凯文是个推销员,经常到布鲁克任招待员的办公室去。"他每次来都会逗得我大笑。"她对我们说。不久他们就开始约会,一年后就结婚了。结婚不到一周年,两人就有了矛盾。布鲁克非常气恼、难过,不知道他们的婚姻还能不能维持下去。"凯文对什么事都不认真,"她抱怨说,"有时我有重要的事要和他谈——像买房子或生孩子——他总是拿无聊的俏皮话来回答我。"

凯文以幽默感和好像总也讲不完的笑话向别人推销自己和自己的产品。幽默把布鲁克带进了他的生活,他以为可以用幽默留住她。他以为只要不断地讲笑话,他的婚姻就会一直幸福下去。于是,婚姻越是有问题,他越是要用笑话来回避问题。他把幽默当作是保持婚姻健康的灵药。然而事与愿违。

例如,那一次布鲁克想和他谈谈买房子的事,有了房子才能生儿育女。凯文一想到要负担更多的抵押贷款,就退缩了。从小他家里对金钱的主要观念是:"永远不要奢侈浪费。谁也不知道钱财什么时候会失去,所以花钱要谨慎。"

凯文没有向布鲁克解释自己的担忧,而是像往常一样用笑话回答她。"嗨,"他对布鲁克说,"我想起了一个笑话,说一对老夫妇打算搬家……"布鲁克坚持说不想听笑话,要和他谈谈将来的事,于是他说,"别为将来忧虑,宝贝。只要我们在一起,就已经好得不得了了。听我说,我要为明天的销售会议作准备。我们以后再谈吧。"

凯文没认识到自己的滑稽角色做得太过分,已经在破坏而不是改善他的婚姻质量了。最终,他答应和布鲁克一起学习如何讨论严肃的话题。他们定下了一个办法来提醒他什么时候该严肃起来。滑稽演员吉米·杜兰特以前结束广播节目时总是向卡拉巴什夫人道晚安。每当布鲁克说"晚安,卡拉巴什先生"时,凯文就明白应该停止说笑话,和她严肃地谈事情了。不过,布鲁克也不介意他偶尔说几句俏皮话。即使是严肃的谈话也可以有轻松幽默的时候。

疯狂的茶会游戏

在刘易斯·卡罗尔那篇可爱的故事《爱丽斯漫游仙境》里,爱丽斯和发情兔、疯狂帽商、睡鼠一起参加了一个"疯狂的茶会"。不过,爱丽斯对聚会的想法和其他三个大不相同。最后,她生气地跑掉了。"我再也不去那儿了,"她边走边说,"这是我一辈子参加过的最无聊的茶会!"

夫妻的疯狂茶会游戏指的是一方不顾对方兴趣、好恶硬拉对方参加游戏活动。一位婚姻专家提出了及时的建议,这正是强人所难的一方忽视了的(这建议是关于幽默的,但也广泛地适用于游戏):"当然,用共鸣和感情调和你的幽默是很重要的。但是如果你的伴侣对某个特别话题的玩笑表现出明显的反感,你就要留心这个讯息。"

如果你没有留心,就会陷入疯狂茶会游戏。梅根发现自己和运动型的丈夫现在就是处在这样的游戏中。谈恋爱的时候,雷似乎热衷于做她喜欢的事,他们在外面吃饭、看电影、沙滩漫步、听音乐会。但是婚后他似乎对这些活动丧失了兴趣,越来越想参与梅根提不起兴趣的活动。梅根说:

> 雷的一个哥们跟他说他和妻子背着行囊到荒野旅行多么有趣,所以他觉得我们也要追求这种很棒的消遣。我恨这个想法,但他不断怂恿我,直到我同意试试看。去年我们有七个周末是在穷乡僻壤度过的,我承认我们历尽艰苦到过一些很美的地方,那种幽静叫人惊叹。但是就我看来,这些都不足以抵消缺点——沉重的背包、有限的给养、让人毛骨悚然的爬虫、没有洗浴间。我认为我根本不是那种户外型的女

孩。住在房间里没有咖啡机的旅馆,对我来说就已经是将就了。

有时梅根已经快要跟爱丽斯一样从茶会(她的婚姻)跑掉。她怀疑如果她跟雷在游戏方面不能更相容的话,他们的共同生活会成什么样子。

为了避免疯狂茶会游戏,我们建议你们从各自的游戏档案开始,研究你们的各种选择。要明确你们各自喜欢什么、不喜欢什么。肯特跟妻子萨莉营造了一种奇妙的游戏关系,他对我们说这是个学习过程,不是一蹴而就的。如:

> 我花了一点时间才弄明白什么能让她笑。我已经知道金发女郎的玩笑或是涉及种族的玩笑让她恼怒,但是双关语却让她捧腹。经过吐露和小心的观察,我们帮助彼此了解哪些游戏对我们有益。

捉 弄

捉弄从不是我们夫妻游戏的重要部分,在我们关系的初期,我们就认识到捉弄容易很快地转为有害的游戏。我们认为应该给捉弄贴上警示标签:小心! 就像肯特曾睿智地向我们指出的那样,捉弄可以是有效的游戏方式,但也可以成为有害的:

捉弄如果做得好，可以产生亲密感。你捉弄别人或被人捉弄的时候，你们是在对彼此说："你是我的玩伴。"因为捉弄是孩子做的，是一种游戏，是一种玩笑。但也会被用来骚扰、取笑、或刺激别人。所以萨莉对有关金发的玩笑十分敏感。萨莉是个金发女郎，她觉得自己必须很努力，别人才会真把她当作机械工程师。所以我很知趣，不拿她头发的颜色说笑。

捉弄如果让别人无助、不安，就是有害的。对于像克莉斯蒂那样在幽默的家庭里长大的人尤其如此。克莉斯蒂家里共 4 个孩子，她是惟一的女孩儿。她说："我都说不清有多少次我兄弟和父亲把我捉弄哭了。他们开始捉弄我，然后捉弄就像雪球似的越滚越大，他们就是不懂适可而止。"

克莉斯蒂是在回忆童年的时候说这些话的，她知道父亲和兄弟们爱她，但是那时她不这么觉得。直到今天，她还是恨人捉弄自己，那会让她想起童年时的不愉快。最近有一次，她要参加一个期待已久的晚宴，她穿的一套鲜亮的晚装被丈夫布德打趣了一番。他说："瞧这身装备，你会把整个房间都照亮。"

"有什么不妥吗？"她紧张地问道，"是不是颜色太扎眼了？"

"对男士们不会，"他回答说，"他们会喜欢的。"

"可你觉得看上去我像是要惹人注意吗？"她问。

"嗨,惹人注意一点儿算什么?"他打趣她。

到那时,布德才明白惹恼了克莉斯蒂。"我是开玩笑的,"他说,"这套衣服漂亮极了。"可是克莉斯蒂已是又生气又伤心,她到卧室换了套衣服。布德认为自己只是跟她"逗乐",他以为妻子爱听别人说她看上去抢眼,结果想起来捉弄可不是跟他妻子开玩笑的方式。由于童年的痛苦经历,即使是开玩笑的捉弄,克莉斯蒂也无法欣赏。

只有你和你的伴侣才能帮助对方了解你们喜欢对方捉弄的程度。下面是捉弄作为有害的游戏和作为夫妻游戏的几个例子:

有害的捉弄

- 今天我们的大宝宝好吗?(跟为体重发愁的妻子这样说)
- 晚饭想吃什么,秃子?(跟对脱发很在意的男人这样说)
- 嗨,去干你的针线活,电子邮件的事还是我来吧。(对正在努力捣鼓电脑的女人这样说)
- 你又不是爱因斯坦,干吗不找另外一种休息方式?(对无法完成填字游戏的丈夫这样说)

作为夫妻游戏的捉弄

- 我打赌你一定猜不到我今天给你买了什么东西。
- 我妻子厨艺很棒……记忆中是这样。
- 我丈夫说他喜欢在花园干活,也许某一天他会干的。

● 你又大又热，我恐怕应付不了呢。（性生活前戏中对丈夫这样说）

你能够看出差别吗？如果捉弄的形式是奚落、掩藏的威胁、批评等，它就是有害的游戏，是把快乐建立在被捉弄人的痛苦之上。但是，如果它含有赞许、担忧、拿常见的毛病开玩笑，它就是游戏。正如肯特说的，捉弄是肯定你是玩伴的一种方式，只是要小心，不要让它变成有害的游戏。

游戏不停止

一位妇女向我们抱怨说丈夫缺乏情调："我希望他更经常地拥抱我，我需要很多亲密接触。""你告诉他了吗？"我们问道。"没有，"她说，"我希望我不用要求，他就会这么做。"

我们跟她解释，不论你跟谁有多亲密，都不可能指望别人总明白你需要什么、喜欢什么。所以，在本章的各个小节，我们一直强调在游戏的喜好方面互相坦诚，以免忽视有害游戏的破坏性。你们的第一个作业就是要重新审查一遍各类游戏，开诚布公地告诉对方其中哪个游戏让你烦扰。如果有，讨论一下如何能够在今后避免。

第二个作业要有意思得多。去除那些有害的游戏，选一个你们两人都能平等参与的、都喜欢的游戏，并且赌一赌结果。赌注可以是输的一方做赢的一方不喜欢做的家务一周等。这样的游戏也可以是亲吻比赛，直吻到一方停下来透气或是忍不住笑出来，这种游戏即使输了也是胜利者。

每天笑一次

令人羡慕的感情关系有什么秘诀？不论什么时候我们对其他夫妇提出这个问题，他们都立刻来了精神。显然，人们都想要这样的感情关系，同样明显的是人们都希望能借助简单的秘方获得它，但是这种秘方不存在，感情关系不是简单的东西。

不过，我们根据对多对夫妻的研究，提出了几条有助于保持感情关系活泼、长久的原则。其中之一是：每日一笑，感情永不枯燥乏味。是的，这很简单，但并不比"每天一苹果，医生远离我"这句古老的谚语更简单。两者都是表述事实而不是给你一个取得成功的秘诀。"一天一苹果"指的是良好营养的重要性，"每日一笑"强调的是分享快乐的重要性。正如我们在第二章指出的，绝大多数拥有长久、幸福婚姻的夫妇每天都一起开怀大笑。

你或许会反驳说，"可是你们不了解我的处境，你们不知道我面临的问题。我目前的生活没有什么能让我笑出来。"这或许是真的,但是,我们还不知道有谁是没有忧虑的。比如,我们未曾碰到过在纳粹集中营的人经受过的压抑人笑的处境。已故的精神治疗学家维克托·弗兰克尔二战时期曾在四个纳粹死亡营被囚禁过,包括奥斯威新集中营。战后他写道,幽默是"保存自我的斗争中的另一个心灵武器"。他指出,幽默帮助人们超脱最灭绝人性的境况,即使只有短短的几个瞬间。

弗兰克尔讲述他如何"从实际出发"给一个一起被囚禁的人培养生存技巧——幽默感。他让这个人同意他们每人每天都要讲一个有趣的故事,这个故事要讲他们重获自由后会发生的事。他发现在集中营里短暂的笑声对于生存至关重要。

所以,如果你感到自己处在一种每天跟伴侣一起无法开怀的境地,我们建议你去读维克托·弗兰克尔的书。他指出,笑不是让你否认或忽视困难,而是帮助你们经受困难,尽管身处困境,仍使你们两人的心灵合而为一。不论好坏,"每天一笑"都是适用的。

你信服了,你同意这个原则。你会说:"问题如何实施呢?"以下是让笑声进入你们感情关系的十种办法:

1. 承认你欠一笔笑声债
2. 客观看待事物
3. 创造一种容易产生笑声的环境

4. 提高你的幽默感知水平

5. 成为一个幽默爱好者

6. 重温以往充满笑声的时刻

7. 做一个幽默制造者和幽默消费者

8. 选择看到事物幽默的一面

9. 尝试一下出位

10. 期待笑声

承认你欠一笔笑声债

我们认为婚姻是两个人承诺彼此相爱、互相尊敬、怜惜对方、使对方快乐，至死方休。如果没有结婚，但处于一种有承诺的感情关系中，你也有同样的责任。你欠你的伴侣很多笑声，需要一生的时间还债。

我们说这些的时候有人反对，"自我主义"时代关注的是实现自我，说有责任让别人快乐是政治错误。他们对我们说："你的快乐是自己的责任，你无权期望你的伴侣使你开心。"

针对这种说法，我们想说明四点。首先，你完全有权力期望你的伴侣使你快乐，因为这是双向的责任，你享受伴侣给你的快乐，同样也有责任让伴侣快乐。我们讲的可不是演员/观众的关系。我们宣扬的是，保持生活中充满笑声，双方都有责任，双方都有利益。

第二,你们为何在一起?你们托付终身并不是要让对方厌恶或是痛苦,你们在一起是希望对方更快乐,那为什么不把这当作一生的任务呢?

第三,我们并不是说你们得总让对方哈哈大笑。严肃和乏味也是我们生活的一部分,但生活需要不时有笑声调剂。比如,在高峰时间堵车的时候,在邮局排队的时候,或是做家务的时候,说一些逗乐的话,这样可以帮你的伴侣降降血压,在苦恼的生活道路上使你们的关系更紧密。

最后,你的笑声债会是你最乐意偿还、回报最高的债务。这笔债是跟经济学原理背道而驰的:每一次偿还都让你更富有而不是更穷。

客观看待事物

看开点儿,别把自己太当回事儿。有位聪明人曾对我们说:"你需要客观地看待自己、看待你做的事和发生在你身上的事,别把自己太当回事儿。"如果你们其中一个或你们两人都一直漠视这种智慧,那你们的感情就会陷于惨淡,甚至更糟。看看三对夫妻的经历吧。

托尼和帕蒂结婚十周年纪念日就要到了,他们商量好庆祝的费用预算。帕蒂负责筹划庆祝活动,不过有点儿超支了,托尼为这事一直恼火埋怨。他不断提醒帕蒂开支数目是商量好了的,帕蒂又不断地告诉他自己尽力了,可东西比她原来想的要贵。你可以想见,他们的庆祝计划很快演变成战火。

　　显然托尼需要看开一点,不要太计较预算。而且,帕蒂超支的数目也不大。一位朋友给我们的建议对他也许会有好处:不要在浪漫上节省。

　　另一对夫妻,莉和埃里克,也曾努力摆脱不健康的过分计较。埃里克是一家小型郊区医院的院长,他曾有过一段黑暗时期,他觉得在工作上没有得到应有的对待。他总是对莉抱怨说他的手下对他不够尊敬。莉努力帮他树立信心,振作起来,但是没有成功,埃里克仍然觉得自己不受赏识。

　　埃里克从未想过这种问题自己也有份,他只是责怪他的员工漠视他、不尊重他。埃里克的行政助手很清楚他的困难,后来她提醒埃里克尊重是要自己赢来的。她的话使埃里克很不安,但也让他认识到自己曾有几次管理失误。他纠正了这些错误,工作境况有了很大的改善。

　　埃里克把自己看得太重要了,以为不管自己怎么做,员工们都得尊敬他。结果,他使自己和莉都长期情绪低落。

　　盖尔和卢克每次被邀请参加卢克家的活动都会有一番争吵。问题是从卢克姐姐家的一次家宴开始的。他姐姐为大家准备了餐前饮料,但不知怎么忘了给盖尔。尽管她道了歉,盖尔仍认为她是故意怠慢自己,并决定再也不同卢克的姐姐来往了。如果她能放松点儿,接受卢克姐姐的道歉,就可以把这件事置之脑后,又可以跟丈夫一起享受家人聚会的快乐了。

创造愉悦的环境

现在设想笑声是天使带给你的礼物。当天使来到你身边时,他遇到的是一个爱笑的人呢,还是一个抗拒笑声的人?答案很大程度上取决于你的外部环境和内在条件。比如,我们发现同样一部电影既可以是幽默的也可以是单调乏味的,这得看我们是自己看这部电影还是跟儿子们一起看。两个儿子都喜欢看我们称之为"无聊"的电视剧,对他们而言,那些"无聊的东西"好笑地让人捧腹。而我们还不知道怎么回事呢,就开始跟他们一起乐。他们的笑声会传染。所以,创造愉悦的环境第一个方式就是让周围充满爱笑的人。第二种方式是把你们自己变为爱笑的人。这里有个简单的测试,以下哪种说法符合你的情况?

● 你笑因为你快乐
● 你快乐因为你笑

如果这两者都是,你就对了。社会心理学家们一再指出,两种方向都对:你的行为影响你的感受,而你的感受也影响你的行为。如果你或你的伴侣感到忧郁,挂上笑容试试看。(不过不要对那些心情极其沮丧的人这样建议,人对自己情绪的控制是有限的。)想起生活中幸福的时候微笑,而且努力保持这个微笑,这样可以改善你的心情。而你的心情越好,你就越容易制造笑声。

在某种程度上,如果你的行为和你想获得的某种感觉一致,你就能创造出这种感觉。这发现对巴特是个惊喜。巴特是电子工程师,在一个星期六,巴特陪未婚妻特丽到附近的花园看兰花展。特丽非常喜爱园艺,对这次展览很期待。可巴特不想去,他想回去工作:

> 我有个项目进度滞后了,尽管是周六,我得到办公室去,我根本不想去花园逛,还得表现得好像很高兴似的。我去只是因为我答应了特丽去看展览,而那天已是最后一天了。
>
> 不过我知趣,我知道如果我闷闷不乐、心不在焉,那还不如不去。所以我强迫自己微笑,去看各种品种的兰花,我不得不认同特丽,那些花真令人惊奇。
>
> 我们看完花野餐时,我又开始想着我的项目了。但是我决定要一本正经地摆出侍者的姿势来,在午餐时服务。我的滑稽动作让特丽大笑不止。很快,我也开始大笑。在剩下的时间里,我甚至没想工作的事,我们都过得很愉快。"

巴特发现,按照他想获得的感觉而不是他的实际感觉而行,他的感觉发生了变化。其实他是创造了一个愉悦的环境。一个原本可能无趣的活动变成了值得纪念的事。

最后,我们鼓励你们尽可能把外部环境变得欢快(我们将在第9章进一步讨论这个问题)。正像维克多·弗兰克指出的,人们甚至在最压抑的环境中仍能笑出来。为什么要设置障碍阻挡笑声呢?如果你的办公室或家里单调、杂乱、让人感到压抑,那么努力使它变得令人愉悦。即使你觉得自己对这些不敏感,在压抑的环境下待久了,你的情绪会低落,笑的可能性也会减少。

我们发现一幅摆得恰到好处的画或是你最喜欢的漫画能够让你放松,嘴角含笑。在我们的办公室里有一面墙,挂着在我们生命中有特殊意义的孩子画的自画像。每当工作乏味或是找不到适当的字眼时,这些画给我们极好的调剂。环境的确会影响你的情绪。

提高幽默感知

是的,世界充满争斗、忧愁、痛苦,不过它也是个有趣的地方。所以,寻找你周围的幽默。提醒自己留意带来微笑的事物,你会看到你要找的东西。在这个过程中,你对幽默的感知水平会提高。

随着感知水平的提高,你会在普通的场合发现幽默。有一次,我们和女儿到加州的葡萄酒产区旅行,途中在一家咖啡店午餐。没有空桌子了,我们就坐在午餐台前。我们的女招待并不十分麻利,但她的笑声很具感染力,她一直跟我们说俏皮话,讽刺挖苦饭菜和顾客。我们原本会挑剔她慢吞吞的服务,可结果我们却轻松地欣赏她的表演。我们已经不记得那天吃的饭菜了,但仍怀念着我们在这个意外的地方发现的笑声。

甚至在遛狗的时候你也可以发现幽默。我们的朋友彼尔跟我们讲了这个故事:

> 我跟妻子原本不想走那么远,我们正急着回家。路上碰到一位老人和他的小孙子,小家伙停下来,俯身看我们的狗。我们有一只小更犬,见到人就兴奋不已。我本想扯紧皮带赶快往前走,不过看到那孩子开心的样子,我决定停下来让他拍拍小狗。小狗跳上跳下,舔他的手,他就咯咯笑起来。很快,我们都开心地笑起来,小男孩是因为狗笑,三个大人是为小男孩那有感染力的笑而笑。

这件事会发生是因为彼尔有很高的幽默感知力。尽管他急着回家,但看到小男孩脸上开心的表情,他有所反应,他和妻子得到了回报,他们开心地笑了一回。

收集幽默

在你愈来愈能留意周围有趣的事物时,要记得互相分享。细想想,我们的生活中有很多有趣的话语和举动——网上的笑话、孩子稚拙的举动、报纸上一帧睿智的漫画、杂货店里令人发噱的一幕,等等。可是常常是我们还没来得及跟人分享,它们就从我们的记忆中溜走了。所以,我们督促你们收集幽默——记住尽量多跟你的伴侣分享乐趣。

收集幽默有好几种方式。首先,把你以后可以跟伴侣提及的有趣的事情或经历在心中做个记录,记在心里是很重要的。你是不是经常听到有人说,"我就是记不住笑话"?其实只要想记,什么都能记住,而且记忆力越练越好。你越认识到幽默可以与人分享,你就越能记住;你越是跟人分享幽默,幽默就越有趣。所以要特别留意你认为你的伴侣会喜欢的笑话和故事,把它们记在心里,等你们在一起的时候一起分享。

其次,你可以像幽默爱好者一样把有趣的事写下来,收集卡通画,或者做一个幽默收集册。如果你是一个殷切的爱好者,光记在脑子里是不够的。你会想把听到或看到的有趣的事物记录下来,以便不会忘记,包括那些当时让你发笑的事和那些或许可以跟伴侣一起分享的趣事。下面是一位妇女的幽默笔记里的一页:

- 上司打了个喷嚏
- 医生笑话
- 最差误时借口奖
- 饭店店员
- 维拉男友的拉链
- 电台节目

这些速记记录的是以下事件：

- 那位上司是一个非常古板正经的人，他跟一位重要客户讲电话时打了个响亮的喷嚏。他涨红了脸，连连道歉，又很尴尬地扫视一圈办公室的同事。她当时没笑，不过后来她和丈夫为这事大笑了一回。
- 一位同事讲了一个医生的笑话，她觉得丈夫会喜欢听。
- 一位同事的一份工作完成得迟了，她认为他的借口可获"最差误时借口"奖，他跟上司说因为手表上的日期指示坏了，他完全搞不清楚那天是星期几。
- 她跟维拉在快餐馆吃午餐，笨手笨脚的出纳员弄乱了她们点的菜单，又拿回来改过，但还是没有把她们叫的东西上齐，然后还瞪着她们好像是她们的错似的。
- 午餐时，维拉讲了她男朋友的一件趣事，他弄坏了裤子拉链，拉链拉不下去，每次上厕所都像做特技。
- 电台的谈话节目主持人调侃她开车回家路上听的一个节目。

有这么多事发生，很容易忘掉某一件，如果某件事经过很曲折，你也得做点儿记录，以免忘掉细节。草草做些记录不会花什么时间，但报酬是跟人分享一回健康的笑声。

重温以往的笑声

人们讨论人跟其他动物的区别时,我们很少听到有人提及一个我们认为很关键的因素——人的记忆能力。其他动物表现出一定的记忆能力,但是似乎只有人类会为很久以前发生的事难过或笑。除了难过的能力以外,你也有能力笑。无疑,你们对痛苦的记忆很熟悉,我们希望你们能够积累并利用幽默的记忆。

过去的笑今日仍能给你带来愉悦。比如,我们仍在拿我们从中西部到西海岸的几家图书馆做项目调查时发生的事当笑话。我们当时住在朋友家,要在一家大型的加州大学图书馆查资料。詹妮特查分类卡片,鲍伯去特别藏书室,在那里鲍伯被告知他得有证才能进去。他到办证件的柜台那儿,可是没有人,问了几个人后,终于有人给他一张表要他填。表上要求填当地住址,鲍伯知道我们的朋友住在哪儿,但想不起来地址是什么,就没填,那位馆员坚持要他填上电话号码。鲍伯沉吟了一下,我们的朋友电话号码没有登记,所以没法在电话号码簿里查,他编了一个号码填上了,那馆员看了看,问:"邮编呢?"

"我不知道。"鲍伯疲倦地说。

"你必须要填邮编,"馆员坚持道,"你可以到楼上查邮编簿。"

鲍伯好不容易到了放邮编簿的地方,伸手到口袋里摸眼镜,才发现眼镜放在詹妮特那儿了。他根本看不清邮政编码,所以他编了一个号码,把表交上去。

那位馆员查看表的时候,鲍伯很紧张,担心那年轻人发现邮编是错的,甚或根本没有那个地址。官员发给他证的时候,他长舒了口气。鲍伯找到詹妮特,拿回眼镜,到特别藏书室去。他翻阅了大量的资料,找到一些很有用的多年前的记录。他拿着这些记录找负责的一位女士,问在什么地方可以复印,那位女士似乎觉得鲍伯的愣头愣脑很有趣,她用毋庸置疑的口吻告诉他:"这些文件不能复印。"

"为什么不能? 这些记录年代很久了,不可能有版权保护。"

她耸耸肩膀,指了指那份材料上的一个看起来很古老的印章,上面写着不可复印。鲍伯问道:"如果一点儿也不能复印,要这些材料作什么?"

她只是怒目而视,"很抱歉,不能复印。"

那些材料对我们的项目很有用,但是花了好几个小时杜撰号码、努力满足各种官僚规定、翻阅古老的原稿,最后我们得到的只是一个有趣的记忆(不过我们当时没笑)。那种经历只有在回忆的时候才觉得有趣,我们到现在还觉得好笑。

我们希望有趣的回忆仍能使你们笑。把你们过去有趣的经历收存在记忆宝库里,然后一起重温这些趣事。随着时间的推移,它们只会越来越有趣。

做一个幽默制造者和消费者

我们提出这个原则,肯定会有人说,"我做不到,我不是喜剧演员,我可以收集幽默,但不会制造幽默。"我们不这么认为。你或许没有成为喜剧明星的潜质,但除了欣赏幽默外,你也能制造幽默。我们在第二章指出,任何人都有创造性的潜质,包括在游戏方面的创造性的潜质。在你反驳之前,先往下读。

文字游戏

制造幽默有一种方式是文字游戏。文字游戏的优点就是不用花钱,锻炼大脑,而且能为你们的生活带来笑声。

文字游戏不需要花什么力气,是刻意拿别人说的话的字面意思开玩笑。比如,我们在外边吃饭,一定会听到服务员说,"如果你们要点儿什么,我的名字叫萨拉。"萨拉离开后,我们面面相觑,问道:"如果我们什么都不要,她的名字又会叫什么?"这种文字游戏的窍门是仔细听别人讲话,然后想想针对他们话语的字面意思有什么合适的应对。另外一种文字游戏是故意制造斯本内现象,这是根据一位以口误著称的英国牧师命名的,斯本内现象是将两个单词的首字母或首音调换位置。斯本内本人很有名的一次是俯视着教众,悲叹教堂的座椅状况越来越糟糕了:"我们必须为这些啤酒娼妓(beery wenches)做些什么。"

（他原本是要说"残破的座椅"（weary benches））。我们在跟朋友们讲一个故事，突然有位太太笑了，说道："啊哈，the thick plottens（the plot thickens 情节变复杂了）。"还有一种文字游戏（其可能性是无限的）是把两个通常不会一起用的词汇搭配在一起。在讲课的时候，我们曾用过这些反话：

- 他完全掌握了迟钝的艺术。
- 她忘却每一个反面批评的本领真令人赞叹。
- 他这个人绝对是靠得住的，他迟到是永远不会变的。
- 她犯的病是终点疲乏症。

想象幽默的可能性

看看某个严肃或是令人厌烦的情景，然后设想有无幽默一下的可能，用有趣的方式回应。很多情形下都让你幽默一下。比如，一对夫妻突然被人超车，镇定下来之后，丈夫转头对妻子说，"最好是有两个车喇叭，一个声音像急刹车，一个像警笛，专门对付这种人。"

我们曾在一所大学的某系工作，那里的同事（私下里）给那些待的时间最长、工作最少的员工"约翰某某奖"（由于显而易见的原因，我们略去真人姓名）。这位"约翰某某"因为总是避免做任何有利于实现科系目标的工作，落下这么个好名声，他的名字自然成了这个奖的名称。用你自己经历过的场景或是讨论下面的场景，设想幽默一下的

可能性,磨练这种技巧:

- 一位姻亲从事的行业正在裁人,这对他是罪有应得。
- 形容一位惟一关心的事是榨出工人最后一点生产能力的老板。
- 一位电话推销员在晚饭时打来电话,想出回答他的最佳方式。

模仿

这很难,不过对于想锻炼自己的幽默肌肉的人来说,这是一个很好的活动。模仿是指利用现成的材料或想法,加上自己的变化。例如,你可以模仿墨菲定律(如果事情会变坏,就免不了变坏),制定自己的定律,你的定律或许会是:"史密斯定律认为,如果一件事像它看起来一样容易,那你就没做对。"

或者你也可以创造你自己的"×××的十个理由",或是"十大最佳/最差×××"。这些并不容易做,但是吃晚饭时做一做很有趣。我们在饭店碰到看上去彼此厌倦透顶的夫妻,总想走过去建议他们一起列出"我们感情生活中最好的十个瞬间",或是"最不想听到服务员说的十件事"。

选择事物幽默的一面

有的东西一定会使你笑，我们的单子里包括各种双关语，《纽约客》的漫画，我们的孩子和孙儿们令人发噱的举止。其他的东西不一定会让你发笑，所引起的反应从愤怒到大笑不一而足。可是不论最初反应是什么，你都可以选择看待事物幽默的一面而不是它的黑暗面。你可以笑，而不是沮丧或愤怒。

马里兰大学医疗中心曾根据这种想法做过一项研究，检验笑对心脏病的抵制作用。研究人员比较了 150 名没有心脏病的人和 150 名患有心脏病或曾做过搭桥手术的人在特定情景下的反应。有一个情景是在饭店和朋友吃饭，服务员不小心把饮料洒在你身上，你会有何反应？你会生气，觉得好笑但是不表现出来，微笑，笑，或是大笑？

研究人员发现，患有心脏病的人不太会从这样的场景中发现幽默，或使用幽默减轻不快。他们比没有心脏病的人笑得少，更容易生气、不友善。

我们曾经指出笑有益健康，在这里，我们想强调，你可以用不同的方式处理这些情景。就像这项研究的参与者表现出来的，你可以用生气的方式来处理令人不快或烦恼的情景，也可以发现它们的幽默面。

因此，你和你的伴侣要彼此帮助，尽可能发现事物幽默的一面。显然，并不是所有的情景都有可笑的一面，但许多的确是有的,包括一些会让很多人非常有敌意、气愤的情景。

克莱尔告诉我们她的丈夫沃尔特如何帮她在沮丧的境况下笑出来:

　　我们结婚只有两年,我把两方的家人都请来参加圣诞晚餐。每件事都乱了套,开始时我的烤箱不热,后来我们把火鸡拿到沃尔特弟弟家,放到他的烤箱里烤,当然,晚餐就得推迟了。

　　然后我发现沃尔特忘了买做馅饼用的掼奶油,商店已经关门了,我们只好不用奶油。然后,水槽又堵了,我往水槽的垃圾处理器里塞了那么多的土豆皮、洋葱皮,结果它堵住了。我姐姐本来要带酸果酱和一样蔬菜来,结果她打来电话说他们的车发生故障,可能来不了了。

　　那个时候,我只想坐下来大哭一场,我沮丧极了。不过沃尔特知道该怎么做。他用手臂环着我,笑了笑,说:"知道吗,几天后我们会觉得这很好笑,或许它有一天会变成让我们跟孩子一起大笑的家庭轶事。"

　　刚开始我只是生气地瞪着他,我无法相信他把我的危难说得如此轻松。我想拿什么东西打他,不过我立刻明白他是想安慰我,帮我看到这一团混乱也有好笑的一面。所以,我摆脱掉沮丧的情绪,我们一起努力尽量挽救我们的晚餐。晚上我们把白天的经过告诉大家,大家除了同情我,都开心地大笑了一回。我想,只要正确对待,即使是这样失败的事也会变得有趣。

尝试一下出位

出位是指脱离你平常的、惯有的举止,暂时变成一个跟平时不一样的人。你一个人的时候或是跟别人一起的时候都可以出位逗笑。如果你不清楚如何做才是出位,下面有几个例子:

- 我是个严肃的人,我妻子比我还不苟言笑。所以,如果要她摆脱严肃,我得首先摆脱我的。她一直喜欢一个叫《斯坦菲尔德》的电视节目,所以我就用口哨吹着这个节目的主题曲,跳一小段舞,让她开心,她至少会露出笑颜,通常还会跟我一起跳舞。
- 我和男友看完一场电影后,喜欢扮做银幕上的两个角色,然后我们编自己的台词,把电影情节改得面目全非。
- 我们度蜜月的时候,我丈夫会把床单缠在身上,扮作古罗马人,然后邀请我一起狂欢。我们像两个一起嬉戏的孩子一样。
- 我们爱把对方的东西藏起来。有一次我做了一件连我都不相信我会做的事,我把他的钱包藏在我内裤里,他把家里翻遍了才想到要在我身上找。等他终于找到了……嗯,你们或许猜得到后来不光是笑而已。

期　待

精神治疗学家威廉姆·J·莱德尔认为,创造良好感情关系的方式之一是遵守期待守则:"如果你满怀期望,你的行为会帮助你实现它。"你的期望的实现程度不会是无限的,但是,如果你不期望你们的感情中有很多笑声,你们就不会有多少笑声。相反,你们期望有很多笑声,才更有可能得到它。

正如莱德尔指出的,你自己的行为有助于实现你的渴望。这至少可通过两种途径实现。首先,如果你希望和伴侣一起笑,你会对可笑的场景、幽默的言辞和分享幽默的机会更敏感。其次,你的积极态度会鼓励你的伴侣更幽默,跟你一起笑。

所以,如果你们两人都致力于将更多的笑声带进你们的感情关系,就不要去想也许不会实现,不要用这种消极的态度压抑它:

● 可是我们这么忙,没有时间和精力用在这上面。
● 我们希望能这样,但我们不擅长让对方笑。
● 我的伴侣没有多少幽默感。

这些说法反映的是消极的期望,会扼杀你们获得更多笑声的机会。

照着我们讨论的 10 种窍门去做,然后期待着笑声的来临,笑声一定会来的。

游戏不停止

最近,我们听到一对父子的对话,他们当时正在参加当地网球锦标赛的双打比赛。父亲大概已经快 60 了,儿子 20 出头。失掉了关键的一球之后,儿子告诉父亲他应该在哪个位置才能击中球。那位父亲有些恼火,回答说:"我知道应该在哪个位置,可我跑不到那儿。"

我们觉得这个父亲和他所处的困境可以用来比喻那些对我们说他们知道在感情关系的笑声方面自己该处在什么位置,可就是跑不到那儿的人。希望我们在本章提出的 10 个窍门能给你们提供有用的建议。

如果你认为自己太忙、太严肃、太笨拙、太如何如何,无法给你们的感情关系带来笑声,我们建议你从简单的开始。例如,下周一起努力增加幽默感知程度好吗? 你们各自在日常活动的时候,留心有趣的事。听听别人的用词,留心他们的表达和动作。还要留心你说或做的事,你会比自己以为的有趣得多,然后跟伴侣分享你发现的幽默。我们发现晚饭是分享幽默的好时候。一天将尽,两人又聚在一起,分享幽默,这是极好的方式。而且,它还助消化。

如果你认为自己的幽默感知力已经很发达了,你或许更喜欢练习本章讨论的其他方法。无论如何,做起来,即刻开始偿还你一生的笑声债。

即兴游戏

我们那时正奔走在美国理想化社区之间,做一项关于性和家庭生活的调查研究。我们安排了几个月的时间去完成这项工作,但是时间显得越来越紧了。我们的最后一站是纽约,工作日程相当满。驱车向北赶往查塔姆的路上,我们发现一个提示前方岔路可通向海德公园的路标。海德公园是弗兰克林·罗斯福的故居。我俩都喜欢历史并且已经参观了大多数美国总统的故居,却还未曾来过海德公园。

于是我们难分取舍,彷徨在紧张的日程和参观海德公园的愿望之间,几乎没有时间权衡我们的选择。一时冲动的情况下,我们选择了海德公园,但是这个决定让我们耽误了两天的时间。当时,我们没有感到后悔。直到今天,我们依然没有觉得后悔。如果真要说有什么后悔的话,那便是后悔没有更多的像这样突发奇想的经历。这次经历让我们看到了即兴游戏的价值,那是一种随时可以产生的乐趣。

关键在于,不要把即兴游戏看作是只在没有其他日程安排的时候才做的事情。即兴游戏是你计划外一时兴起时发生的。你可以在度假时一时冲动而改变一下计划,或者你还可以从紧张的日程中抽身休息一下。

并不是所有的人都认为即兴游戏是容易做到的。与那些一心追逐目标和想要把一件事情做完的人相比较,那些喜欢顺其自然,喜欢享受过程而不是非要达到什么目标的人更着迷于即兴游戏。令人遗憾的是,大多数美国人(包括我俩)都属于前一类而非后一类人。虽然对于我们来说即兴游戏是难以接受并且被抵触的,然而我们还是要劝大家去接受即兴游戏。

你是冲动的吗?

儿童的表现通常是可以用来解释即兴游戏的最好的例子。大多数儿童都很容易由于一时冲动而玩耍起来,在这一点上,那些抱着孩子经过游乐场时总是要千方百计才能阻止孩子跑下去玩的人是深有体会的。事实上,缺乏玩耍的冲动是问题儿童的一个征兆,而如果你是成人,这就意味着你向那些不让你去即兴游戏的强制性的理由屈服了。碰巧的是,令人信服的理由并不缺乏。

为什么不？

即使你羡慕儿童即兴游戏的能力，你还是能找出一大串不应该选择即兴游戏的理由。打个比方说，当我们写到这儿的时候，也想出了我们自己的理由：

- 这本书的完成期限快到了。
- 我们正在做的这一章进展顺利，因此我们不必打断进程。
- 继续工作是负责任的，成人的行为。
- 我们都强烈希望赶快做完这项工作，而此时休息会违背我们的愿望。
- 也许有一点是真的，那就是只工作不玩耍会使杰克变成一个蠢笨的孩子，而总在娱乐却不工作会让我们夫妇不仅经济拮据而且还会变得江郎才尽。

需要我们再补充什么吗？每当你渴望游戏而不想工作的时候，你可以列出类似上述的许多理由。我们知道这些理由的力量。我们承认很多时候，我们抵抗住了停下手找点好玩的事情做的想法的诱惑，因为责任感战胜了我们的冲动。

我们并不是在提倡你们一定要听从你们一时的奇思怪想。我们不鼓励你们变成不负责任的成年人。但是很有可能在即兴游戏这件事上，你错在太谨慎了而不是错在放弃上。我们认识的很多夫妇都是"先工作后娱乐"这个格言的忠实实践者。

冲动性小测验

　　你对即兴游戏的接受程度有多大？你们夫妇的冲动性如何？下面的测验可以帮你找到答案。假设在以下几种情况中有一时冲动的选择吸引着你们夫妇，你们有多大可能选择它？

- 星期六的上午通常是你做家务的时间。然而在一个美丽的春天的早晨，你们彼此看着对方，突然觉得应该在这个上午放假，去做点好玩的事情。你们会怎么做？
- 很晚了。你们两人都有一种性冲动，但同时又需要睡个好觉因为明天都有重要的会议要参加。你们会怎么做？
- 你们目前手头很紧。你们喜欢的一个团体下个月将在你们的城市举办一场音乐会。你们很想去听音乐会，但是票价超出了你们用于娱乐方面的预算。已经没有多少时间去考虑了，因为门票马上就要售罄了。你们会怎么做？
- 你们正在一家有音乐伴奏的餐厅就餐。你们发现乐队正在演奏"你们的"乐曲，那是你们在婚礼上共舞时的乐曲。餐厅里有一块不算大，但也足够跳舞的地方，可是没有人在跳。这是一个很好的机会，但你们不确定餐厅是否愿意你们在这里跳舞。你们会怎么做？

如果这些还不是你们可能遇到的情况，那么为你们自己假想一些情况，测试一下。一定要诚实，看看你们有多大的冲动性。我们猜想你们可能希望在这方面有所提高。

冲动性是特殊的调味品

有一个很好的理由可以使你纵情于因一时冲动而引发的即兴游戏：即兴游戏为你们的关系添加了色彩。在即兴游戏的过程中，你不仅可以获得普通游戏的乐趣，还会加上自己大胆和期待的感觉。看看下面这两段文字吧。第一篇来自一位已结婚 10 年的女性：

> 在马丁身上我能找到很多让我钦佩和喜欢的地方。但是如果我能改变一件事情，我希望他变得不是那么容易预料的。当然不是说无法预料，只是一点点意外。我喜欢他在做事的风格上偶尔有一点古怪，有一点疯疯癫癫。

第二个例子是来自艾莱克斯，他和凯的婚姻已经是"七年之痒"了：

> 凯是一个离奇的人。她从来不害怕打破常规。

有一次我们看见孩子们在喷泉里泼水玩,她也脱掉鞋子跳进去和他们一起玩。孩子们喜欢这样,她也是。我也一样。我虽然没有加入他们,但我仍然觉得这样很好玩。

凯经常建议我做一些测验我的灵活性的事情。比如有一次,她激我去收拾行李,说要离开几天。"我们去哪儿?"我问她。"往北边开吧,看看有什么好玩的。"她说。"可我们明晚不是要去你父母那儿共进晚餐的吗?"我提醒她。她说她给父母打过电话了,改天再去。然后我们就出发了!我们感觉自己就像两个淘气的孩子,可我们玩的很开心。

正如艾莱克斯说的那样,即兴游戏为你们的关系增添了活力。每一个新的一天的开始都意味着潜在的冒险和惊奇。它可以是一次旅行,就像艾莱克斯和凯的那次,或者只是片刻的相互戏闹。不管干什么,你们都是在一起享受快乐。

给你们自己许可

正如我们前面说过的,总是会有令人信服的理由使人们放弃即兴游戏。糟糕的是,大多数人在多数时候都被说服了。他们似乎是本能地抑制或者拒绝了想要游戏的冲动。如果你是这样的人,你怎样才能给你的生活带来乐趣呢？就从自我许可开始吧。首先，提醒自己即兴游戏的价值。其次，彼此达成共识，接受即兴游戏。另外，避免下意识的决定。

提醒自己即兴游戏的价值

前面已经提过有两个原因可以说明即兴游戏的价值：

● 它和其他游戏一样，能给你带来快乐。
● 它附加的好处是能给你们的关系带来冒险和期待的元素。

另外，即兴游戏能帮你生活在此时此刻。生活在此时此刻意味着全神贯注于你所在的环境和你正在做的事情。这对于尽情享受游戏的乐趣是十分关键的。精神病学专家哈罗德·布鲁菲尔德认为即便是在做饭这类事情上你也同样能找到狂喜的感觉，因为：

无论你在做什么，全身心地投入才能使你尽情狂欢。也就是说：不要抱怨，不要担心这件事要花费多长时间，不要计划完成这件事后你干什么，不要审视自己这件事干的怎样，等等。让你的感受、想法和行动很好地结合。

你经常像这样全神贯注吗？比方说，你正在工作，却想着回家后干什么。

你可能正在给孩子读书,却思考着工作。你也可能正在玩耍,脑子里却想着别的事情。不止一次,我们在看不太吸引人的电影或戏剧时,会不自禁地想到散场后晚饭吃什么。但是当你做真正的游戏时,你就生活在当时,全身心地投入到活动中。艾莱克斯对此也有所描述:

> 你记得那个关于花时间闻一闻玫瑰花香的谚语吗?这句话真的是对极了。它让我突然顿悟有许多次,我经过玫瑰花却不曾停下来闻一闻。凯却总是能停下来,这也是我喜欢她的原因之一。于是我也跟着停下来。而每次这样做时,我都想:"这才是生活,真真实实的生活。"

同意接受它

这是说你同意不再机械地拒绝参与即兴游戏,不再觉得这种想法是愚蠢的和不负责任的,不再去找其他的所谓"好理由"。你同意将时不时地参与即兴游戏,即便那些好理由极具强制性。

例如,即兴游戏经常会有某些方面在外人看来很傻。当凯跳进喷泉池和孩子们一起在水中欢腾跳跃时,有些路过的人流露出不以为然的表情。在他们的眼里,凯看起来很可笑——她的行为显然和她的年龄不符。而艾莱克斯看到的却只是这件事本身——对一群玩耍的孩子们的本能的、快乐的反应。

可能有的时候，即兴游戏显得有些不负责任。几年前，我们在加拿大度假的时候，曾经买过两张剧场的票(不可退的)。当演出马上要开始的时候，我们突然想起有点别的事情要做。和平常一样，我们有一大堆充足的理由让我们如期去剧场而放弃其他突如其来的想法：

- 我们不可能拿回我们的钱。
- 我们不想觉得自己是那种拿不定主意、犹犹豫豫的人。
- 也许最终的结果还是看演出比其他的选择要好。

但是我们这次冲动了一回，放弃了观看演出。结果呢？我们的决定是正确的！

避免下意识的决定

显然，我们在决定退出游戏之前也是有所考虑的。冲动并不意味不动脑子，也不是说立即就要去做。凯要和孩子们一起到水里嬉戏的决定几乎是立即做出的。("我的确犹豫了一下，"她事后承认，"但还是决定加入孩子们，让那些顾虑见鬼去吧。")

下意识是指你在全然不考虑的情况下做出决定。当突然的念头产生时，你机械地拒绝或接受它。这不是健康的反应。即使你已经同意可以接受即兴游戏，你也不必完全顺着每一次一时兴起的念头。有时你是应该说不的。

比如,艾莱克斯和凯到加勒比海度假,他们在海滩散步时,路过一个出租潜水设备的摊位。"哇,"凯尖叫道,"多好玩啊! 我们试试吧!"她知道艾莱克斯不擅游泳,而且他由于童年一次受伤的经历而害怕把头伸向水里。但是凯甜言蜜语地哄骗他,直到他勉强妥协。他不想由于他的恐惧而错失一次欣赏玫瑰花的机会。

尽管凯最初兴致勃勃,但她很快就后悔不应那样坚持:

　　那是一次我自认为赢了实际输了的战役。我不断告诉艾莱克斯不要紧张,告诉他一旦进入水中,他就会喜欢那种感觉而且还想再试一次。但是他并不喜欢,我们也没有玩第二次。当一个浪掀向我们并且把他带走的时候,他惊慌失措。他呛了一口海水,喘不过气来,马上向岸边游去。那是一次灾难。艾莱克斯因他的那些反应而羞怒,我也为自己的一再坚持而感到懊悔。

凯就犯了一个下意识反应的错误。她没有想到或许更应该对那次活动说不。她不知道那些对她吸引力很大的事物对艾莱克斯来说也许是索然无味的。同样的道理也适用于其他游戏:如果不是你们夫妇两人共同喜爱的,就不能算作真正的游戏。也就是说,你不要强迫你的伴侣去做那些你认为他(她)会喜欢做的事情。这样的经历会影响到你们的关系。

因此,我们鼓励你们首先要做到在你们的关系中多一些即兴游戏——允许你们这样去做。第二步就是下面所说的"调动内心的顽皮细胞"。

调动内心的顽皮细胞

我们在快餐店看到一个长相气派的男人和一个小男孩——我们认为他们是祖孙俩——走进来吃午饭。我们不禁注意到(我们是东张西望爱管闲事的那类人)那个祖父在给他的孙子讲故事时,发出不同的声音并且装作故事里的人物做出各种有趣的表情,惹的小男孩大笑。很显然,他是被祖父的表现逗乐了。故事讲完了,我们听到他恳求祖父"再讲一个吧"。

夫妻之间也可以像这对爷孙俩这样做。你们可以调动你们内在的搞笑细胞,互相做点傻事。犯傻是即兴游戏中最普遍的形式之一。我们还从未见过不会冒傻气的孩子。正如那个祖父表现的那样,这种能力存在于人的整个一生。它可以被抑制,但永远不会被消灭。

真的,我们来做进一步的解释。我们认为成人在某些场合需要冒点傻气。一点点傻气可以使你们显得不那么严肃,让你们表现出存留的孩子气,还能巩固你们的关系。当描述他们自己的婚姻时,两名律师是这样说的:

　　相互取笑的能力是衡量我们婚姻中信任度的一个指标。我们不可能在不安全的氛围里开玩笑。当我们感觉仿佛在自己家里，孩子们也出去了时，我们会做点傻里傻气的事情。

"五花八门"的傻气

　　什么叫冒傻气？它可以指很多不同的事情。下面举几个例子：

- 我和肯与其他几对夫妻共进晚餐。那是件相当乏味的事情。我和肯隔桌对坐。我望着他，他也注视着我。然后他把目光移开，一刻不停地吃着。我很快又吸引了他的注意力，并且重新注视着他。这顿饭的大部分时间里我们一直这样，很小心地，当然没有被别人看到。但是我们都曾经差点失败。当后来我们独处时，想起此事，我们笑得几乎岔了气。
- 我和简在人行道上散步，突然我想起自己小的时候父亲和我做的一个游戏。于是我对简说，"我打赌我能让你走在一条线上。"她露出迷惑的神情。我指着人行道上的线把我的话又重复了一遍。"我打赌你不能，"她说。为了让她保持在一条线上，我一会儿推她，一会儿拉她，就这样走到街区的尽头。她比我当年在我父亲面前表现的要好。那一天余下的时间里，她不停地向我做出胜利的手势，露出胜利的笑容。

- 我不记得事情是怎样开始的了。每次我们中的一个人想做一件事而另一人不想的时候，那个想做的人就耍小孩子脾气，而另一人就扮演坚定的家长。结果是有时做，有时不做，但我们总觉得以这种傻乎乎的方式解决它挺好玩的。

- 我和霍普刚结婚的时候，看过一部电影，里面的女演员气嘟嘟地靠在睡椅上发着牢骚。一天晚上，我们坐在家里的起居室休息，觉得有些烦闷。突然，霍普说，"记得吗？"然后她慵懒地靠在睡椅上，做着和那个女演员一样的事情。我不断地笑她。一个乏味的晚上于是变得令我难忘。

夫妻还可以通过许多其他方式在一起耍顽皮，适合别的夫妻的方式未必适合你们。要想知道什么方式最适合你们夫妻，就要找到隐藏在你们各自性格深处的那一类顽皮。

找出你的喜剧气质

在性格上，有人更外向，有人则更内向；有人大胆，有人则更保守。我们并不是建议，无论你的性格怎样，你都要表现出喜剧特质来。事实上无论你生来外向还是腼腆，轻松还是严肃，你都会有属于你自己的那一份顽皮。你的确有能力和你的配偶耍闹。关键是找出你的喜剧气质是属于哪一类的，并且释放出你的喜剧气质。

怎样发挥你的喜剧气质呢？从和你的配偶谈论你们

过去的"表现"开始。你们能记得多少次在一起耍闹的经历？在那些经历中,各人表现如何？可能其中一人在扮演搞笑的角色,而另一人是观众,就像霍普和她丈夫一样。亦或你们一起搞笑,就像那对在正式晚宴上玩目光游戏的夫妇一样。

这样做,你们就可以发现你们与生俱来的那种顽皮,会发现这真的很好玩。这种讨论过后,就该做大笑比赛了。其中一人要通过行为或者语言使对方发笑。做到以后,两人互换角色。如果你们想把它做成真正的游戏的话,通过计时来看看谁为了使对方发笑用的时间更长。

当然,这个游戏的目的是为了释放你们潜在的喜剧气质。但愿通过这些小实验,你的喜剧气质会被激发并在未来更多地表现出来。但是请注意,有很多因素抑制了你的喜剧气质。因此,每当你又触到了自己的严肃细胞而无法继续时,就重复这个实验。

想想小事

要让你们的关系中增加更多的即兴游戏的第三步就是想想小事。要知道如果你把即兴游戏看作一件很容易办到的事情而不是什么了不起的大事,即兴游戏就更有可能发生。理查德是这样说的:

我过去常常想即兴做一些漂亮的、引人注目的事情。就像我在书里知道的那个人,他"绑架"了他的老婆并带她度过了一个罗曼蒂克的周末。我觉得这真是太大胆了。我常想象如果我给邹一个意外,把她拐到巴黎共进晚餐并跳舞,就像电影里那些富人表现的那样,那将是多么好玩的事情啊!

但是有一天发生的事情让我改变了想法。那天,我们正在自己的花园里,乔拿着水龙管不小心把水喷到了我身上。我呼喊着,她哈哈大笑,而且喷的更起劲了。为了避免一场水战,我跑进屋里。她还站在外面大笑。我仿佛惊醒了,这就是自发的游戏!它可以发生在任何时间,任何地点,不一定非得是什么引人注目的事情,也不必花费很多,就可以给你带来很大的乐趣!

这件事以后,理查德意识到即兴游戏也可以发生在寻常日子里。我们在第九章里将进一步阐述这个理论。

制造惊奇

增加即兴游戏的最后一步就是制造惊奇。也就是说,计划一下怎样让你的配偶感到惊讶。"等一下,"你会说,"'计划的冲动'是不是自相矛盾呢?"是,也不是。如果你们一起计划,很显然不能称作即兴游戏。但是如果你自己计划一件惊人的事情,那么对于你的配偶来说,就会产生即兴的效果。

如何制造惊奇？

　　只要你表现得出乎意料,你的配偶就会感到惊奇。看看下面的例子,你就会发现惊奇可以很简单,也可以精心制造。

- 当朋友第一次介绍莫莉给我认识时,我没听清她的名字。"莫塞?"我问她。大家都笑了。我立刻意识到我脑子里想的是一个儿童故事中兔子的名字。但是莫莉真的很喜欢这个名字,它成了我们结婚前私底下的昵称。一天,我打开我的内衣抽屉,惊奇地看到一对粉色的绣着名字"莫塞"和几只小兔子的女内裤。我一直把它们留在那儿。每当我打开抽屉,都会想到我的妻子真奇特。

- 在衡量最有可能和最没可能制造惊奇的范围内,特里沃是接近"最没可能"那一头的。但是,他"的确"时不时地让我感到惊奇。比如有一次,我回家时看到一打红玫瑰,上面的字条上写着"只是因为我爱你"。我大惊失色,因为他从来不送花给我。我的第一反应是问他是不是有什么事要向我道歉。但结果发现他只是一时冲动想给我一份惊喜的礼物。每当他这么做时,我都很高兴。

- 我们结婚 10 周年的时候,我想应该做点什么特别的事来庆祝一下。贝蒂告诉我她想计划整个事情,并想给我一个惊喜。她只告诉我穿上晚宴的服装。所以我一直以为她会安排我们去一家奇特的餐厅，但结果却是惊喜连连。首先，一辆我以前从来没有乘坐过的豪华轿车停在我家门口。轿车把我们带到了海滨，一艘小船已经等在那里了。这是第二个惊喜。第三个惊喜就是我们坐在小船里一边欣赏意大利爱情歌曲一边共饮香槟酒。之后，我们去吃晚饭。最后，那辆豪华轿车把我们送回了家。那是一个从未有过的美好的夜晚。

- 我很早就下班了，给我俩准备了一顿烛光晚餐。
- 我要赶早班飞机，因此我在浴室的镜子上用牙膏写上"我爱你"，想让她起床后第一眼看到。

惊奇是令人兴奋的乐趣

无论是简单易行的还是复杂精致的，惊奇就是我们所说的锋利的乐趣。当夫妇的游戏包含了意料之外的因素，强度就会加大。惊奇会引起情感上的波动，而这种情感冲动通常持续在整个游戏的过程中，并可能在以后相当长的一段时间继续存在。

这是我们从在新罕布什尔州时的一次难忘的经历中学到的。当时我们正在州府康科德逗留。一天早晨，当我们离开汽车旅馆，驶向富兰克林·皮尔斯故居（前面提过，我们喜欢历史）时，我们见到一本关于附近一家葡萄酒酿造厂的小册子，声称这是新英格兰地区最北的酿酒厂。这是一个意外的发现(我们也喜欢参观小酒厂),而且把参观酒厂安排进我们当天的日程无疑为我们平添了一份喜悦的期待。

当我们抵达富兰克林·皮尔斯故居时,才失望地发现那天闭馆。"我们至少可以拍张照片吧。"鲍勃说。珍妮特于是站在台阶上,鲍勃给她拍了一张照片。我们正要离开,一位老人打开了门,把我们喊了过去。他是博物馆的导游,向我们解释闭馆的原因是因为当地一个历史学会要在那里开会。"你们想进去看看吗?"他问,"会议还得等一会儿才开始呢。"

这个人显然喜欢这家博物馆,也喜欢向游客介绍这里的一切,有了他作导游,我们的参观很愉快。参观结束时,他建议我们去看看一个蜡像艺人的工作室。"那里顺路,"他说,"我相信你们会喜欢的。"

上路以后,我们开始争论是否花点时间在那个艺人的商店停一下。我们决定去,而且我们在那个优秀的艺人那里呆了将近一个小时。退休前他是一个部长,后来爱上了蜡像艺术,就勤学苦练终于成为技术精湛的手工艺人。他曾在波士顿美术博物馆举办了个人艺术展,显示了他在艺术领域的成就。我们的最后一站就是酿酒厂,主人邀请我们参观厂房。他自豪而热情地向我们介绍他的设备,向我们描述酿酒和装瓶的工艺,并让我们品尝他的产品。我们以前也参观过许多故居和酒厂,也和很多艺术家聊过天,但是在新罕布什尔的那次经历令我们无比快乐。我们一次又一次地和意外面对面。本来只是参观历史景点，到后来却变成了三次意外的体验。我们遇到的三个人都是那样强烈地热爱着他们所从事的工作。每到一个地方，我们都受到了贵宾级的接待，而这些人对工作的热情出乎我们的意料，增加了我们对他们的工作的兴趣。那天激动人心的乐趣在接下来的几年里一直伴随着我们。

在这个案例中，意外来自于其他人。这些人对我们所做的同样适用于夫妻之间。每当这样做的时候，你们就会给对方一份激动人心的乐趣。

惊奇是爱的信息

惊奇不仅是锋利的乐趣，还传达着爱的信息。无论这是简单的还是精心制造的惊奇，它将传达给你的配偶一个重要的信息，或者，更确切地说，一系列信息：

- 我想你。
- 我想取悦你。
- 我花费时间和心思想通过行动带给你快乐。
- 所以这一切都是因为我爱你，并且珍惜我们的关系。

波比是一所大学负责处理各种紧张问题的管理人员。在处理一个教授对学生进行性骚扰的事件后，她感到感情上的疲惫。然后，她的爱的信息就到了：

邹知道这件事之后我需要休息一下。由于这个教授是我的朋友，这件事处理起来显得格外痛苦。一个星期五的晚上我回到家，当时调查正在进行中，我感到体力、精神、和情感上的低落。在厨房的操作台上，我看到三个信封。最上面的那个写着"先打开这个"。我打开它，看见一个简短的字条，邹在上面表达了对我的爱和支持。第二封信让我好好洗个澡，晚饭会在他下班回家时叫快递送过来。第三封信是通知我已为我预约了次日早晨一小时的按摩。

那次冲澡、晚餐和按摩都很棒，但是最棒的事情还是我意识到了邹费了那么大的事，都是因为他是那样地爱我。

为你的爱人做些出乎意料的事情，它不仅能带来锋利的乐趣，还会传达爱的讯息。

游戏不停止

为了帮你启发你潜在的自发性，我们建议你做一个"计划的自发月"实验。在近期挑选一个月或者一段四个星期的时间来进行这个实验。在这一个月的时间里，每周为你的爱人计划一件惊奇的事情，并且始终保持活跃的思维，抓住一切可以制造即兴游戏的机会。

做这个实验的目的是加深即兴游戏在你头脑中的印象，并且让你体验如何制造惊奇，这也是即兴游戏的形式之一。我们认为即兴游戏的最大障碍——除了那些总是出现在脑海里的实际的理由外——是桎梏于严肃思想的倾向。如果你心里想着正处在"计划的自发月"期间,你就会对每一次可能制造即兴游戏的机会有所警觉。经过这一个月的实验,你以后在这方面会做得更好。

不必太精心制造惊喜,以免显得不切实际。我们并不是不鼓励奇特显眼的惊喜,只要你们有充足的资源可以利用。但是请记住简简单单的事情也可以成为惊喜。以下举几个例子:

● 写封信寄给你的爱人,告诉他(她)你为什么珍惜你们的关系。

● 选一个意外的时机,给你的爱人一个拥抱和亲吻,说"我爱你"。

● 买一个小礼物(例如一本书、一张 CD、或一包糖果),送给他(她)并附上爱的寄语。

● 为你的爱人写一首诗。

● 找一个日子到一个特别的地方做点对你们两人有特别浪漫意义的事情。

● 为你的爱人准备床上早餐。

● 送给你的爱人他(她)喜欢的商店的购物礼券。

如果这些建议都没有吸引你,自己想一些能够令你的爱人惊喜的事情。可能性是无穷无尽的。

爱的游戏

伍迪·艾伦曾经说过,惟一不愉快的性生活就是没有性生活。事实上,正如婚姻顾问和临床医学家了解的,很多人的性生活都是不愉快的。婚姻关系中任何具有分裂性质而不是粘合作用的性行为都被认为是不愉快的性生活。想拥有愉快的性生活,就要让性爱成为你们爱的游戏的组成部分。精神病学专家威廉姆·贝彻指出,性爱和游戏不可分的关系早就被古希腊人证实了。爱神丘比特以顽皮的、多变的形式发挥着他的作用,他的爱之箭甚至能将斯多葛学派哲学家变成性欲旺盛的人。

爱的游戏是指一切表达爱和情感的行为。它所涵盖的范围很广,从性暗示到挑逗的表情,从偷来的在一起的时光到精心设计的浪漫约会,从温柔的抚摸到性的交合。这种爱的游戏的效果取决于某些其他行为,例如满意地解决纠纷,保持个人卫生,以及不断的成熟和完善。由于这个原因,你需要增强你的性爱抚意识。

增强你的性爱抚意识

我们认为夫妻生活中的性前爱抚是非常重要的。你们相处的方式,你们对彼此说的话,你们发给彼此的非语言信号——这些都可以刺激或消退你对性爱的欲望。通过和一些夫妻的接触,我们归纳了亲密关系中尤其重要的三个方面,它们构筑了爱的游戏的基础:你们处理争执的方式;你们彼此求爱的程度;你们彼此沟通的次数。

亲切地处理争执

每对夫妻之间都会有矛盾发生。成功的夫妻关系中,矛盾会随着时间的消逝而慢慢减退,但并不是彻底消失。一份对长久婚姻的研究结果显示,当回顾婚姻中的主要矛盾时,12%的夫妻认为矛盾集中在婚姻初期,29%的人认为是在抚养孩子的阶段,7%的人认为是空巢时期。次要矛盾发生得更频繁。无论在金钱、性生活、孩子、对方的不良习惯、对姻亲家属的态度、还是其他各种各样的问题上,你们很容易产生争执,并最终导致主要或次要矛盾的发生。

正如婚姻关系专家指出的,夫妻解决争执时所采用的方法对他们的婚姻质量是至关重要的。在解决问题时你们对待对方的态度不仅可以决定你们是否会从对方那里找到乐趣,并且还将削弱或加强你们之间的情感。下面的两个例子将不同的处理争执的方法导致的不同结果进行了比较。

- 每当我们争吵的时候,克克都要战胜我。他对我的想法和我所说的话不屑一顾。通常都是以他的话结束我们的争吵,因为我最终还是屈服了。然后他想亲吻我以作弥补。我敢说当时我最不愿意做的事就是去吻他,因为他的那些刻薄的话让我受到了屈辱。我真的不能这么做。

- 我和罗宾都不想产生矛盾。一旦我们争吵起来,我们都尽量考虑对方的意见,用心聆听对方怎么说。因此尽管争吵令我们双方都不愉快,我们却能很好地化解意见上的分歧,并越来越珍视我们的婚姻。有时它甚至激发了我们的性欲,让我们沉浸在做爱的甜蜜中。

这两对夫妻处理争执的不同方式导致了不同的结果。第二对夫妻的婚姻很稳固。而我们最后得到的有关第一对夫妻的消息是他们正在冷战——分室而寝,各过各的。

第一对夫妻在处理争执时采用的是我们所说的攻击/防卫方法:他们各自都在攻击对方的阵地,保护自己的立场,直到其中一人放弃(如克克的妻子指出的,通常都是她屈服)。第二对夫妻采用的是关爱的方法,努力理解和关心对方,他们互相探讨直到找到双方都满意的解决方案。

在解决分歧的问题上,没有任何方法是万能的,可以适用于所有夫妻的。然而,你和你的爱人能同时对采用的方法以及它所带来的后果感到满意是至关重要的。否则,就会像第一对夫妻一样,你们的分歧将使你们之间的亲昵关系和爱的游戏不复存在。

继续向对方求爱

尽管它听起来有点过时而且几乎不再被使用,你还是明白求爱这个词意味着什么。更重要的是,你曾经经历过它——那时你的爱人费尽心思地想要讨好你,想给你留下深刻印象,想表达他(她)对你的深厚的情感。不幸的是,如果你们结了婚或者住在了一起,那么在共同生活的第一年,可能有过同样的经历——那就是,你的爱人做以下这些事情的频率下降了:

- 赞扬你
- 做事或者说话令你开怀大笑
- 说"我爱你"
- 主动要求和你做爱
- 做对你有益的事情
- 身体上的亲昵
- 和你一起谈论他(她)对某些事情的想法,向你讲述当天的经历

这些都是求爱的行为,是当人们想取悦于某人并和他

(她)建立长久的、亲密的关系时做的事情。在两人共同生活的第一年里,这些行为发生的频率都会降低(尽管没有完全消失)。

当然,你不可能像最初想博取对方欢心时那样继续以同样的时间和精力求爱。一个年轻的丈夫是这样说的:

> 当我知道我要娶朱丽叶为妻时,我有点近乎疯狂。我提早下班,有时甚至下午就离开办公室,只为了能和她多在一起呆一会儿。我上班的时候给她写情书。我在买礼物和约会上的花销相当大,以至于如果坚持到现在,我一定会破产的。这就是问题的关键,你无法把这些事坚持做下去。

对,也不对。你无法坚持以同样的频率这样做,但是你能够并且必须把这件事情继续下去。如果你不相信,试着在以后的三天里,重新向对方求爱,看看会发生什么。每天让自己做四、五件能使爱人开心的事情。

做什么呢?从我们刚才列出的婚后第一年退步的那些事开始做起。或者还可以重复你们初婚时做过的一些事情。当你们聊天的时候,对你爱人所说的话要保持热情——倾听并且有所反应。关注你的爱人,表示出足够的礼貌,想方设法让他(她)高兴——就是你当初追求他(她)的时候做过的那些事情。如果你们两人同时用三天的时间互相求爱,你们的关系将会被重新充电。这个办法绝对奏效。

经常进行爱的交流

我经常听到妻子们这样抱怨："我不能像我丈夫那样突然变得性兴奋。在我们各自忙碌了一天之后,我无法一下子产生性冲动。我需要先和他交流一下。"

听听丈夫们说的话吧："很多时候都是因为我们实在太忙了,根本不可能像她说的那样交流和沟通。无论如何,我真的找不出比性爱更好的交流方式。性爱总是让我感到离她更近了。"

其中的矛盾是:男人需要通过性来感到进行了交流,而女人则需要通过交流来感受性爱。但是有一种方法可以帮你们从这种困惑中解脱出来,使你们即便不在一起的时候仍能保持沟通。试试以下的方法:

- 在你爱人办公室的留言电话里留下简短的情话
- 把爱的字条放在爱人能发现的地方——冰箱、口袋、公文包,或者钱包
- 每天在一个特别的时刻充满爱意地想想对方

顺便说一句,爱情短信可以直接说"我爱你",还可以是各种贴心的话:"你是最棒的","你让我感到了自信","我喜欢你对我笑的样子"等等。

当然,面对面的交流是必不可少的。丽姿和派克在这方面做的很好,尽管他们已有两个学龄的孩子。

　　每天晚饭后我们都要用半个小时的时间边喝咖啡边聊天。那是我们特别的独处时间。几年前，我们刚开始这样做的时候，孩子们总是跑过来打扰，分散了我们的注意力。但后来我们告诉他们要尊重这段时间，让我们独自在一起，除非有急事。

　　我们聊白天发生的事情，聊生活中的琐事，讨论怎样处理我们面临的需要和问题，谈其他任何我们想与对方分享的事情。那是我们忙碌了一天之后能够面对对方，来进行真正的交流的时光。这 30 分钟让我们保持亲密，并提醒自己我们是夫妻。

　　这种亲密的交流，再结合求爱的行动和令人满意的解决分歧的方法，为爱的游戏提供了滋养的土壤。

给彼此爱的惊喜

　　回忆一下前面说的惊喜是激动人心的乐趣。因此，爱的惊喜是爱的游戏的更令人愉快的形式之一，包括感情的惊喜和性的惊喜。

给爱情以惊喜

　　前面已经谈到过一些爱的惊喜，比如出乎意料地在公文包或衣兜里发现写着情话的字条。下面再让你看几个例子：

● 我们在朋友家吃晚饭，相对而坐。突然，我感觉她在用脚上上下下蹭我的小腿。我看着她，她对我投以微笑，是她特有的写着'我爱你'的微笑。那真是一个绝妙的时刻！

● 每当他蹑手蹑脚地走到我的身后，并亲吻我的后脖颈时，我都感到无比陶醉。这总能让我惊喜，并且让我兴奋。

● 你知道我们结婚25周年时，他做了什么吗？他双膝下跪，问我是否愿意和他再作25年的夫妻。我说愿意，他立刻拿出一个钻戒，和我的结婚戒指配戴在一起。这是我一生中最幸福的时刻。

从这些例子可以看出，为爱情制造惊喜就如同购买了一支快速成长的股票：你在时间和精力上的投入将为你们的关系带来丰厚的红利。请注意我们把爱情惊喜和性惊喜区分了开来。尤其重要的是，爱情惊喜不应仅限于当你们其中一人有性渴望的时候。帕拉和汉克都是第二次结婚。帕拉喜欢和汉克做爱，而她的第一次婚姻很少让她感到性满足：

　　我们相互抚摸——拥抱，握手，接吻，不止是在我们做爱的时候。而我的前夫却只有在他想做爱时才有亲热的举动，这使我对性产生了敌意，也对我的前夫有了不满。

与第一个丈夫形成鲜明对照的是,汉克给帕拉带来了很多惊喜。"只是要让我知道他有多么爱我。还用的着怀疑我能从这个男人身上得到满足吗?"

给性爱惊喜

性的惊喜是一种你给你的爱人带来的性的礼物。它可以是对性发出的邀请,一次特别的性经历,或者是在性交过程中出其不意的事情。下面的这些人创造性地给他们的爱人带来了性惊喜:

- 一天晚上,我们看完电视里播放的一部爱情影片后,泰勒说,"我要去冲个澡。""行啊!"我说。"为什么不和我一起洗呢?"她问。她不必重复这个邀请。
- 一件碰巧的事情让我想到我们的性生活越来越像例行公事。那次我们外出旅行,我产生了性冲动。但是我想让这次与以往有些不同。你相信吗? 一天晚上,他告诉我他买了《爱神的经典》,一本印度出版的有关性的书。他问我是否想让他给我讲讲从这本书里学到的东西。从此,我们的性生活进入了一个全新的阶段。
- 麦姬几乎从来没有采取过性主动。因此,当那天晚上我下班回到家时,她着实令我大吃一惊。她穿着家居服。我觉得很奇怪,但什么也没说。聊了一会儿天,我问她晚饭打算吃什么。"我刚才想过要出去吃,"她说,"但是我觉得你也许愿意先来点什么开胃的东西。"说着说着,她解开了她的家居服,里面是一丝不挂的。

显然,你不可能在每次做爱或者大多数的时候都成功地制造惊喜。但是你可以想一想以上这些情节和那种只是简单地问对方"今晚想做爱吗?"之间的区别。如同所有游戏一样,惊喜的要素为你们增添了快乐。

另外一种惊喜就是在你们俩平常不会想到的时候主动提出性要求。通常,这意味着速战速决。汉克和帕拉就在他们正准备出门会朋友的时候来了一次速战速决:

汉克刚刚淋浴出来,我在为我的腿剃毛。一时兴起,我冲过去在他的屁股上咬了一口。他突然停下了脚步,也对我做了同样的事情。我们彼此对视了一刻,咧嘴一笑,跳到床上,来了一次快速的性交,然后穿上衣服出去见我们的朋友。

我们并不是说要以速战速决为标准。诚然,速战速决满足了你生理上的要求,但是性爱是超乎生理之上的。正如两名专家一致认为的:"当两个纠缠在一起的身体卷入了性行为,他们所传递的远不止身体上的感觉。"专家指出,除了身体方面的感受,通过性行为你还可以把自己的某些方面暴露给对方,采取亲昵的举动,表达你的情感和爱,肯定你们的相互依赖,维持你们的关系。速战速决的性行为有时无法将这些作用全部体现出来。

无论怎样,偶尔由夫妻中的一人出乎意料地在一个不寻常的时间或地点提出速战速决的性要求,将会为夫妻俩珍贵的交合经历增加乐趣。

规划爱情盛宴

快速的性行为虽然感觉不错,但不可能成为美好的记忆。如果你想有一次难忘的性经历,规划一个爱情盛宴。到底什么是情爱的盛宴呢? 你想让它是什么,它就是什么。这里有一个爱情盛宴的菜谱供你选择(你还可以在上面加上任何你想要的东西):

开胃菜

- 开怀大笑(看一部搞笑的电影,看一场喜剧,一起读一本漫画书,或者其他任何能让你们在一起大笑的事情)
- 放任自己(两人在一起慢慢享受悠然自得的鸳鸯浴)
- 味觉的愉悦(悠闲地享受一顿你们喜欢的食物)

主菜

- 性欲上的刺激(点亮蜡烛,喷上你喜欢的香水,放一

段浪漫的音乐,给彼此一个信息,纵情地抚摸,比平
常多花一些时间进行性交前的爱抚)
- 性爱的创新(尝试用新体位或新方式刺激和取悦对
方。如果你需要这方面的帮助和建议,书店将为你
提供充足的信息资源)

甜品

- 枕边的倾谈(说点甜蜜的悄悄话,谈谈你们的爱情
盛宴,以及它给你们带来的感受)
- 爱抚(性交后的爱抚和性交前的爱抚一样重要:爱
抚、拥抱、接吻,以这些方式来表示你们的爱情不只
体现在性交上。如果你们打算再体验一次主菜的
话,那么就行动吧)

显然,爱情盛宴的关键是让你们在一段时间内彼此融
入对方。要让它成为真正的盛宴,你们一定不要让自己为
其他事情分心,无论是工作、孩子、亲家、财政预算或其他
任何让你感觉麻烦的事情。把自己全身心地交付对方,共
同分享快乐。简而言之,要放松,充分享受,就如同你们在
度蜜月。

计划你的爱情盛宴

显然,要想把爱情盛宴做好,你需要付出一些时间。
如果有可能的话,我们还建议你们把孩子送到奶奶家住一
晚或者计划离开家度周末。精神病学专家威廉姆·贝彻给

我们讲了一对结婚21年的夫妻的故事。每隔一段时间，他们就要把孩子留在家里，然后独自外出度一个星期的假期。那个妻子告诉他，那一个星期的时间总是那样不可思议，充满了乐趣，尤其是性的乐趣。他们选择那些能够休息放松而不是为了观光的地方。他们经常假扮一对新婚夫妇或者是婚外恋中的一男一女。他们慢条斯理地做每一件事，并且拒绝任何外人想加入他们的企图。在整个一周的时间里，他们只把目光放在对方的身上。

因此，当计划你们的爱情盛宴时，采取一种能把你们自己全部交给对方的形式。意思是说：

- 尽可能多地安排时间，但是不要多到让你觉得忽略了其他事情。
- 离开家，这样更容易躲避责任和那些分散精力的事情。如果你们无法离开家，那么就计划一个在家的盛宴。即便是在家的盛宴，也好过从来不做。
- 记住，轻松愉快是你们爱情盛宴的原则。所以，如果你们离开家，不要选择那种费时费力才能到达的地方，也不要选择太贵的地方以免担心费用。
- 事先做计划以使你们的爱情盛宴成为一段无忧无虑的时光。你们的计划可以包括安排好孩子，找到合适的地点，或者买来性爱书籍以激发灵感。

你们会发现计划爱情盛宴是很好玩的，而期待是令人愉快的。然而最棒的还是这件事的余温将伴随你一生。

下面是一个丈夫对他的这种经历的评价：

> 当我们刚开始谈论离开家去玩的时候——只有我们两人——我非常兴奋。莎迪和我以前从未尝试过这样做。当我们最终成行的时候，感觉仿佛回到了我们的蜜月。在那幸福的五天里，我们把问题和责任留在了家里，全身心地过我们的二人世界。这是一段我永远都不会忘的经历，而且我要把它极力介绍给其他夫妇。

保持性的神秘

丽姿和派克，我们前面提到过的，在他们还很年轻的时候就结婚了。在性上谁都不是很有经验，但他们认为性会有利于他们的关系。正如派克说的：

> 可以说我们是边实践边学习的。我们互相指导，互相帮助，感觉好极了。蜜月中，我们探究并了解了一个有性的个体意味着什么。我们学会的其中一件事就是性充满了神秘。结婚已12年并且已经有了两个孩子的我至今仍然不能全面领会。
>
> 每次丽姿和我做爱的时候，我心里总感觉有些不确定的因素。她这时想要什么？什么能使她变得兴奋？而同时又有新发现。我们不断地发现新的取悦

对方的方式。结婚12年后,我仍然在学习,仍然在发现,仍然一如既往地在丽姿那里达到性兴奋,这使我感到震惊。正因为如此,我说性是神秘的东西。我希望这种神秘永远不要消失。

要保持这份性的神秘是一种挑战。有一个办法就是让你们的性生活变成例行公事甚至有点令人厌烦。当我们这么说的时候,有的新婚夫妇就用古怪的眼神看着我们,说:"让性爱变成例行公事甚至有点令人厌烦?你们不是开玩笑吧?"不是,我们相当认真。有一个女人曾对我们说,她认为夫妻双方能从对方那里得到性兴奋的时间不会超过五年。说这话时,她已经结婚七年了。换句话说,她已有至少两年的时间感觉和丈夫的性生活乏味无趣。

她并不是惟一有这种想法的人。相当数量的男人和女人承认他们对性生活没有什么兴趣或者对与同一个伴侣的性生活感到乏味。有时这种乏味会导致婚外情,有时它会使性生活失去意义。于是性逐渐变成定期的生理上的释放,而不是爱的游戏。

每对夫妻迟早都会面临性生活乏味的挑战。因此,你们将如何应对这个挑战呢?如何让性保持神秘呢?让我们看看那些导致乏味的因素,然后看看怎样能够避免它。

性抑制

如果你和你的伴侣曾经享受过令人兴奋的性生活,但现在却感到无聊,下面所列的几种情况中至少有一种是导致你们现状的罪魁祸首。假设没有生理或心理上的问题影响你的性欲,那么你性欲的减少可能是以下几个原因造成的:你把性生活放在次要的位置上,你的日程安排或生活规律是严格不变的,或者你忽略了性刺激。

把性生活放在次要的位置上 当夫妻第一次发生性关系时,他们很容易忽视抚摸的重要性,会不自觉地把手离开对方身体。抚摸、拥抱、接吻、爱抚以及性交应在他们生活中占据很重要的位置。结果,日常生活的种种需要迫使他们做了让步,不得不接受生活不只是爱的游戏的事实。糟糕的是,有时这种让步会使性生活变得越来越不重要。

性生活可能由于一份要求很高的事业而被忽视,也可能因为好看的电视节目,或者是一个难舍的爱好,或者是对于孩子和家庭的责任。当这些事情占据了你的时间和精力时,性生活就会变得越来越次要。或许你意识到了你仍然需要性生活,但却忽略了它对于你个人及你们夫妻的幸福的重要性。

坚持遵守严格的时间表 性欲在人们身上时而旺盛时而低落。尽管如此,我们还是听说有的夫妻坚持按照严格的时间表做爱。有规律的时间安排倒也无可厚非,况且有时还会带来益处(我们在第十章里会谈到这个问题)。

但是一个严格的时间表很容易让你们的性生活变得烦闷。

比如,你们决定每周三、周五、周日做爱,但是你们却在一个周六的晚上看了一部性爱电影,那会发生什么呢?如果某一个星期三,办公室的不愉快使你的性欲一扫而空,那怎么办呢?当你们把性生活进行严格的日程安排的时候,它就不再是爱的游戏,而更多地成为了一种责任甚至变为一件麻烦的事情。

遵循不变的规律 "每次都一样,"一个妻子这样抱怨,"我可以准确地告诉你当我们做爱的时候他会怎么做,他会做多长时间。"对于她来说,性生活已经变成一件照本宣科,匆匆了事的行为,而不是探求神秘。

完全可以预料的性生活很容易变得乏味。人们最根本的需要之一就是追求新体验、新感觉。艾迪斯·沃顿(一名美国女作家)在提到她的一个小说人物的苦恼时说:"一种挥之不去的每天在同一时间做同样事情的恐惧包围着他的大脑。"当人们按照一个不变的规律做事时,通常难以做好。同样,夫妻如果把性生活看作例行公事而不是一件神秘的事情,那么他们也不会得到真正的快乐。

忽视性刺激 我们认识的一个中年男人,当妻子和他离婚后,经历了一段相当痛苦的时期。然后他开始锻炼身体,计算他的卡路里,更新他的衣柜。他几乎变成另外一个人。离婚一年后他比以前看上去更健康,更有魅力。我们还认识许多其他人,当他们离婚或丧偶后,开始注意自己的外表,逐渐变得更具魅力。

问题是,为什么他们以前不这样做给爱人看呢?在有些婚姻中,性生活变得乏味或缺少吸引力正是由于婚姻中的一方或双方失去了性的魅力,或者他们忽视了其他可以刺激性的因素——那些我们在性前爱抚那个章节讨论过的事情。不能很好地运用性刺激就必然会使性渴望受到抑制,性生活变得无趣。

耕种神秘

想要维持性的神秘,我们提出五点建议:

- 释放头脑中的性压抑
- 想从中得到乐趣,而不是如何表现
- 把焦点放在如何唤起你爱人的热情
- 从书籍和录像带中得到帮助
- 让它保持趣味

释放头脑中的性压抑 要维持性的神秘的最明显的办法就是避免性压抑。要把性生活和其他爱的游戏放在你们婚姻中非常重要的位置上。即便你们制定了性生活的日程表,也不必严格遵守它。反倒应该不时地故意打乱它。如果你们的时间表令你们兴奋,那就把它坚持下去,但要经常加进一些有新意的东西。要努力寻找新颖的方式以取悦对方。

最后,要注意性刺激。保持你的性魅力,就好像你在一个求偶市场上表现的那样。要把性前爱抚做好,寻找一切可以刺激你伴侣的性欲的事情。

想从中得到乐趣,而不是如何表现　"我做的怎样?"这句话你听过多少次了(如果不是你的爱人说的,那么就是在书中或电影里看到的)? 多少次你说过或想过同样的话? 这句话显示了人们对自己性生活中的表现十分关心。当然,大多数人都想在性生活中有出色的表现,但是比表现更重要的应该是体会其中的快乐。

如果你对自己的表现考虑太多,性生活就会变成一个要掌握的技术而不是要探求的秘密。而且一旦你掌握了它,它就失去了神秘性。因此,把注意力放在寻求快乐上吧。想想如何享受这个经历,而不要想根据某些标准评价自己的表现。

把焦点放在如何唤起你爱人的热情　这与我们刚才说的并不矛盾。事实上,当你在性生活中升华了愉悦的同时又能发现性的神秘是一件快乐的事情。当你把焦点放在如何唤起你爱人的热情时,你就触摸了性的神秘,因为每一次经历所带给你的都是不同的感受。每次性体验都是一次新的机会,让你发现是什么使你的爱人在性生活中的表现做到了最佳。

同时,唤起你爱人的性欲还可以激发你自己的乐趣。

正如精神学家迈克·贝德写到的,有四个理由可以解释为什么唤起你爱人的同时你自己也会感到兴奋。首先,让自己的爱人感到快乐是"自然的人性的渴望"。第二,和一个被激发了性欲的人在一起是令人兴奋的。第三,你爱人的性觉醒被肯定了(所以,是的,你表现不错)。第四,他(她)的性觉醒有力地证明了他(她)在这次性体验中是快乐的。

从书籍和录像带中得到帮助 人们有时想借助从书籍和其他媒介中得到的信息来解答神秘的事物。比方说,善变的天气就像一个谜,直到你从书中了解到可以解释这一切的因素。然而,在性的问题上,书和录像带保持着而不是减少了性的神秘性。因为它们给你提供了新的观点和理念,为你们的性生活带来新意,而且它们提醒你们始终不能忽视性生活的重要性。

这方面的书籍很多,从古(如《爱神的经典》)到今(如《性的新乐趣》)。我们并不想专门推荐什么书,倒是要建议你们去书店看看,自己找几本能吸引你们的书。同样,录像带也不少,有些是专门向观众演示如何让对方得到性满足的。查一下在哪里能找到这样的录像带,看看内容介绍,再决定是否适合你们。

当你们使用这些资源的时候,记住,那些书和录像带里介绍的未必一定适合你们。除非你们双方都对某一个练习感觉不错,否则不必照做。用这些书和录像带的目的不是为了测试你们愿意做的事情的极限,而是要把你们夫妻一起领进性的神秘地带。

让它保持趣味　和帕拉一样,汉克在他的第一次婚姻中没有得到满意的性关系。"我的前妻把做爱看作是一件在黑暗中蒙上眼睛做的事情,而且越快做完越好。"然而和帕拉在一起以后,汉克却在不断发现性生活中神秘的东西:

> 和我的前妻在一起时,我几乎变得性冷淡。但是有了帕拉后,我的性生活精彩极了,而且乐趣无穷。就像有一天晚上,她想帮我戴上安全套。她花了很长的一段时间做这件事。她喜欢做类似这样的顽皮的事情,我也一样。你永远无法知道下面会发生什么。

顽皮可以保持性的神秘。你很难确定跟着要发生什么。它可能是丈夫正要上床的时候突然灵机一动胳肢妻子的脚,或者是妻子在一次特别满意的性生活后说:"那么,我又可以从我要做的家务事清单上抹去一项了。"然后,哈哈大笑。这种顽皮使性生活保持为一种你们永远无法彻底了解、无法彻底解答,却共同快乐探求的神秘的事情。

游戏不停止

我们已经不止一次建议你们给爱人写封信。当我们在周末组织婚姻巩固活动的时候,总是把写情书和寄情书作为活动内容之一。现在是你写情书的时候了。

情书的开头要肯定和赞赏你的爱人。然后想想本章关于性前爱抚的内容。告诉你的爱人他(她)做过的哪些事激发了你的性渴望。接下来描述一下你记忆中对你有着特别意义的爱的惊喜。讲讲这些惊喜带给你的感觉。

最后,想想你们一起有过的特殊的性体验。如果你们曾有过爱的盛宴——一段尤其浪漫的有着性刺激的时光——告诉你的爱人其中你最喜欢的部分。或者回忆一下你们最难忘的性体验——那最让你感到兴奋和满足并最好地诠释了性爱的一次神奇的体验。把这些写进你的情书。

信的末尾要再次肯定你的爱人。然后把信寄出(焦虑的等待也是乐趣的一部分)。当你们收到并阅读了对方的信后,交流一下各自都写了什么,再谈谈下一步怎么做。

创造性游戏

六年来，龙妮和丹把几乎每周五的晚上都作为他们夫妻娱乐的时间。他们有一个固定的日程：到附近的影院看场电影，然后在邻近的餐厅享受蘑菇洋葱比萨饼，之后做爱。那是丹盼望的在紧张工作了一周后休息放松的时光。他觉得龙妮也有同样的感受，直到那个星期五的晚上当龙妮提出他们总是依照惯例行事，似乎应该尝试做点不一样的事情：

> 我没有确定她是什么意思。"但是我们从来都是在周五的晚上出去看电影然后吃比萨饼的呀。"我提醒她。"是的，"她说，"而且我们从来都是去同一家电影院和同一家比萨店，而且等我们回家后准备做爱的时候你也从来都是以同样的眼神看着我。你难道从来没有想过做点不一样的、有创意的事情？"

事实上,他真的从未想过。对他来说,每周五晚上的安排是舒适放松的。尽管他拒绝了"创造性的"游戏的建议,但龙妮的话还是引起了他的注意——或许是该有所改变了。"我不是那种有创意的人。"他说。龙妮给他打气说找到创造性游戏的任务是两人共同承担的,不是他一人的责任。然而,在他们努力的过程中,丹发现他和别人一样也能够在计划夫妻游戏时有所创意。

上帝赋予人们创造力

我们认为创造力是上帝赋予所有人的礼物。上帝并不是有所选择地分发这个礼物。如果你表示怀疑——如果你像丹一样觉得自己不是一个有创造力的人——你可能需要重新思考创造力的内涵和你的能力。

创造力:无中生有和福斯贝利式跳跃

犹太基督徒认为,上帝创造了世界。也就是说,上帝从无到有创造了这个世界。宇宙是全新的。如果在这些条件下你把创造力看作是一种产生某种全新的超乎想象的东西的行为,那么你就不具备创造力。只有上帝才能做到无中生有,人类的创造力是表现在另一个层面的。

想想迪克·福斯贝利的创造力。20世纪50年代末和60年代初的时候,正处在青春期的福斯贝利是一名跳高运动员。当他刚开始这项运动时,跳高的标准方式是先助跑,然后把前腿踢出去,跨越横杆并脸朝下。

福斯贝利发明了一种新方法。他跑到横杆的时候把身体一扭,向上冲,使他的头和肩膀首先跃过横杆。他的背部随之形成拱型,脸冲着天空,然后"噗"的一声就跳过了横杆。刚开始的时候,他的教练曾经试图让他放弃这个技术。但后来,它成为了著名的福斯贝利式跳跃,如今是全世界跳高运动员都采用的标准方式。

福斯贝利式跳跃是一个变异。人们会做跳高,会做后空翻,但在福斯贝利之前从没有人把跳高和后空翻结合在一起。

我们想通过这个例子帮你们思考夫妻游戏中的创造力。我们并不是说你们应该学会从无到有的创造,倒是可以考虑福斯贝利式跳跃。让你们的游戏富有创意不外乎是计划和体验对你们夫妇来说是全新的。那是你们每隔一段时间就需要做的事情,是你们在任何时候都能够做的事情。

我们需要变化吗?

第一个问题帮你们决定是否到了该让你们的夫妻游戏具有创新的时候了。那个"如果它没坏,就不要修"的道理在这里适用。如果你们双方都对你们的夫妻游戏感到快乐和满意,则不必改变它。我们认识有些夫妻在过去的25 年里每周都和同样的组合打桥牌,而且至今还很喜欢这么做。我们还认识有些夫妻每年去同样的地方度假,而且几十年过去了,他们仍然很愉快地期待着每年去那森林里的小木屋或沙滩上的茅舍里休息放松。

当然,每周打一次桥牌或者每年到小木屋度一个轻松的假期并不是他们夫妻游戏的全部。我们知道为数很少的夫妻对他们夫妻游戏的整体完全满意,觉得没必要做什么改变。我们的经验是,即使你们现在有同样的感受,早晚你们会对是否需要改变的问题给予肯定的答案。当这一天到来的时候,你们还需要问这个问题:你们想改变你们夫妻游戏的哪个方面?

龙妮清楚地知道她需要把他们星期五晚上的游戏多样化。一天,她把这个想法告诉了丹。他们的对话是这样的:

> 丹:"我以为你喜欢去那个商场的影院看电影。"
>
> 龙妮:"我的确喜欢。我只是对每周末都去同一个地方感到厌倦。"
>
> 丹:"可是,这地方离我们近啊。"
>
> 龙妮:"我们不至于总要去离家近的地方吧?"
>
> 丹:"那当然。让我们看看别的影院在放映什么吧。"

那天晚上,他们选择了别的影院,并去了另外一个餐厅吃晚饭(他们这回吃的是海鲜)。龙妮说,那感觉就像去冒险,像度了一个"迷你假期"。请注意,他们并没有创造什么全新的东西,他们只是做了一次福斯贝利式跳跃。他们改变了每周五看电影和吃饭的一成不变的方式。他们还决定,以后至少每月一次,他们要去听听音乐会或者看一场舞台剧来代替电影。

我们从哪里可以找到线索?

现在回到你们的娱乐轮廓图。想想那六个类别:社会游戏、文化游戏、幽默、竞赛、体力游戏和爱的游戏。回顾一下适用于每个类别的各种活动。在第三章"永远的游戏"练习中,我们让你们找出最适合你们的两个类别,然后扩大每一类里的活动范畴。现在,想一下其他几个类别,也做同样的练习。

看看当地报纸的娱乐新闻,从中寻找游戏线索。从户外运动杂志上可以找到各种体力游戏的提示。在图书馆和国际互联网上搜索,可以找到许多关于幽默、竞赛和爱的游戏的主意。与其他夫妇聊聊他们是如何游戏的。看一看这本书最后一章的娱乐活动清单。当你们大致记下这些各种各样的主意后,考虑一下你们如何更改它们以适合你们自己的情况、品味和需要。换句话说,要具有创造力。

举例而言,泽克和蕾彻有一个九个月大的女儿,名叫安蒂。他们都是长跑运动员。他们一起跑步直到蕾彻怀孕。蕾彻怀孕期间的大部分时间里,泽克就独自跑步。安蒂出生以后,他们开始时是分开跑的:一个人跑,另一人就在家陪孩子。一天,泽克跑步时看见一个妇女边跑边推着一辆三轮婴儿车,于是他决定在蕾彻生日的时候送给她这个惊喜。现在,他们全家一起出来跑步。蕾彻对此感到十分兴奋:

> 我从来都不喜欢独自跑步。而且泽克和我都很忙,所以我更不愿意分开那么长的时间。现在我们不仅可以锻炼,还可以在一起了。这个时间对我们很重要,我们可以聊天,并且真正感觉到彼此的息息相通。安蒂也喜欢这样。

龙妮和丹也同样决定参与更多的体力游戏。丹告诉我们他们夫妇大部分玩的时间都是在做"肩并肩"的游戏。"我们安静地坐着,或者看电影或者看电视,"他说,"我们在一起的时候,真的很少有互动。"但是一次对"肩并肩"活动的创造性的反应激发了他们要改变自己。

一天晚上,他们看完一部老电影后,龙妮对丹坦白说:"你知道我总想尝试什么吗?去舞厅跳舞。"但这是一个很大的挑战:龙妮在跳舞方面的经验很少,而丹根本就没有。他们非常羡慕电影里的男女主角,渴望能像他们一样跳舞,哪怕只是一点点。

龙妮建议他们一起上舞蹈班。尽管他们能找到的惟一一个舞蹈班的上课时间对他们来说不方便,龙妮却不想放弃这个想法。她找到并买下有关在舞厅跳舞的详细的指导录像带,他们开始在家练习:

> 我们反复重放录像带的每一个片段,直到能够正确掌握要领。丹的节奏感不好,而我却笨手笨脚。我们有一半的时间都是在笑自己的错误——任何类似电影里男女主人公的动作都纯属巧合。但是我们坚持着。尽管我们跳的不好,但我们为能在任何舞场跳舞感到舒服。我们喜欢这样!

泽克和蕾彻夫妇以及龙妮和丹夫妇都是通过观察别人而想出了自己的主意的。这或许可以成为你们的资源之一。睁大你们的眼睛,观察别人是怎样游戏的。设想一下你们也做同样的事情。你们会发现夫妻游戏可选择的内容一辈子也玩不完。

如何扩展我们游戏的保留节目?

有一个老掉牙的故事是讲一个男人在拉大提琴的时候总是一遍又一遍地拉同样的曲调。当朋友问他为什么这样时,他回答说,"有的人仍在寻找,但是我已经找到了完美的曲调。"他或许感到满足,但只有一个保留曲目的人是贫穷的。音乐的世界是广阔而丰富的,以至于人们不可能因在短短的一分钟内听其中的一个小片段而感到满足。

同样的情况也发生在夫妻游戏的世界里。你们可以有很多选择,但如果你们把保留节目限定在一两个,那就是你们把自己的生活变得贫乏。所有夫妻都会陷入惯例。或许像龙妮和丹一样,你们也认为忙碌工作五天后在周五晚上例行的那些事情就像毛绒绒的毯子一样让你们感到温暖。抑或你们觉得没有时间去构思新的事情,再或者你们陷入一种惯例而无法自拔。我们极力建议你们拓展夫妻游戏的保留节目。也就是说,多做一些两人在一起分享的事情。

做试验

如何拓展你们的保留节目呢?答案很简单:做试验。让你们早期共同进行过的消遣和娱乐再度重演,你们会从中找到乐趣。比如说,我们刚结婚的时候,喜欢玩智力拼图游戏。每当兴致来的时候,我们就在咖啡桌边一起拼着玩。然而,随着后来我们的第一个孩子开始蹒跚学步并且经常把拼块搞的随处都是,我们的这个兴趣也就不复存在了。我们发现拼图和我们的儿子乔恩是无法在同一个空间里共存的。许多年过去了,我们最近又重新拾起这个游戏,并且发现我们还是能从中找到无穷乐趣。

或许你们愿意尝试做一些新的事情,至少是在你们夫妻之间。这件事情可以是你们以前都做过但却不是一起做的,也可以是你们其中一人曾经做过而另一人没有做过的,还可以是两人都未曾做过的。

本章开始的部分,我们介绍过泽克和蕾彻。在他们的女儿出生之前,两人都曾参加过地方性的或区域性的体育比赛。然而女儿安蒂的出世改变了这一切。但后来,他们又找到了可以满足他们竞赛欲望的新的游戏——国际象棋和拉米牌。当他们想给自己的婚姻生活增加更多的游戏时,他们从报上得知有一对夫妇每周都进行一次拼字游戏。蕾彻不敢肯定这是否适合他们夫妻:

> 我不想和泽克有太多的竞争。在安蒂出生之前,我们经常互相竞争。我们一起跑步的时候,两人都想比对方多跑一段路程或者跑得更快一些,所以我们会在最后一段时全速冲刺,看谁跑在最前面。

> 我们的竞争意识并不是难以控制的,但它却时不时地冒出来。现在安蒂和我们一起跑步,我们不再竞争,而是享受这种在一起的时光。因此,尽管我刚开始的时候有些犹豫,我还是同意每周和泽克进行一次棋牌游戏。

他们试过各种各样的游戏,想找到既好玩又不会强烈刺激他们竞争欲望的游戏。对于那些使他们投入到激烈斗争而不是友好娱乐的游戏,他们很快就放弃了。最后,他们看中了国际象棋和拼字游戏。对这个结果他们很满意:

　　从青少年时期到现在我们就没再玩过这些游戏，现在又捡了起来，感觉真好。最棒的是，每当我们想玩这些游戏的时候，它们就在那里。事实上，我们一直在进行着国际象棋的游戏。很多次，当把安蒂放在床上后，我们就在棋盘上消磨一个小时左右的时光。真的是很好玩，我们俩下的都不错。

　　你们还可以试一试从未做过的那些活动。当我们说"做试验"的时候，我们指的是不仅要尝试新的事情，而且还需要采用一种适合自己的方式。它不必是冒险的或者奇异的事情，不一定是在亚马逊河漂流，也不一定是花整个下午的时间练习跳伞。一个朋友曾建议我们尝试跳伞运动，因为它将"给你带来前所未有的刺激"。我们听信了他的话。对那些比我们更勇敢、更喜欢冒险的朋友，我们拍手称赞，但我们自己对这种新鲜事物的首次介入却并不精彩。尽管如此，对新鲜事物的尝试还是值得的。

　　我们夫妻都喜欢读书，也喜欢和爱读书的人交朋友。一天晚上，当我们谈起共同的兴趣时，一个朋友建议我们开办一个读书俱乐部。如何运作读书俱乐部呢？我们当中没有一个人参与过类似的活动，但是我们不愿意因为经验上的缺乏而退缩。我们决定成立读书俱乐部并开始为它制定程序。另外四对夫妻加入了进来。我们每月举办一次活动，这样已经坚持了15年。尽管全然不知读书俱乐部该如何运转（尤其是一个典型的读书俱乐部），我们却

制定了以下的指导方针,这些方针对我们来说是很实用的:

- 读书俱乐部的成员在我家轮流主持见面会。见面日期不固定,但是通常提前三、四个月讨论并决定下来。
- 主持当天会议的夫妻负责挑选和购买一本书,并在上个月的会议上分发给其他夫妻。有时还会随书分发一些供我们阅读时思考的有关本书的问题和话题。
- 任何书籍都可以,无论是小说还是散文。我们已经阅读过的书籍包括古典文学、当代小说、诗歌、名人传记、神学、心理学书籍,以及其他各种各样的散文。偶尔,我们也会请来书的作者和我们见面,共同讨论他(她)的作品。
- 主持读书会的夫妻负责提供晚饭。通常,晚饭的材料可以取自书中提到的东西或以某种形式体现书的主题。
- 晚餐时不对书的内容进行讨论。大家利用这段时间了解彼此的生活状况或谈谈时事。
- 如何进行饭后的讨论取决于主持人的判断力。他们可以找些具体话题进行讨论,或者可以让读书俱乐部成员自由讨论。

读书俱乐部对我们所有人来说都是一次试验。事实证明这个试验是成功的,以至于我们在坚持了十多年后,从中得到的乐趣没有丝毫的褪色。

计划未来

从与无数订婚的和新婚的夫妇的接触中,我们发现他们中大多数并没有意识到夫妻游戏是他们未来生活中必将面对的重要问题。然而这是事实。因此我们提醒他们:

- 你们的喜好会随着时间的推移而变化。这就意味着将来你们未必还愿意做今天你们做的一些事情。
- 你们的资源会随着时间的推移而有所不同。这就意味着你们将来也许没有足够的时间或财力继续做你们现在享受的一些事情。
- 由于你们共同对未来有所期待,当你们在对子女、家居等其他重要问题做出计划时,也应该计划一下你们的夫妻游戏。

计划未来的方法就是扩展你们的夫妻游戏的保留节目。我们建议你们定期(可以每周一次或每月一次)在一起做些从来没有一起做过的游戏。你们可以共同计划一些游戏,也可以轮流做计划。

不要因为有些活动最初看上去没有什么魅力而不加以考虑。你们或许会发现一两个可以享用终生的游戏,还可以找到其他一些将来有可能做的游戏。很多夫妻在进入空巢阶段后发现,他们终于可以追求那些在养育孩子的年代里对他们来说显得苛刻的兴趣和爱好了。

关键是,当你们定期尝试新鲜事情的同时,你们会发现自己正在培养双方都喜欢的保留节目。它们可以随时满足你们的需要。它们将使你们的未来像现在一样充满活力。

当资源有限的时候怎么办?

如果你们有大量的自由时间和无限的经济来源,那么你们显然在夫妻游戏上有更多的选择余地,也更容易具有创造性。但如果你们像绝大多数人一样,你们迟早会面临时间和财力都有限的阶段。

这恰恰描述了我们夫妻的状况。结婚以来,我们很多时候几乎拿不出足够的钱去旅游或参加其他各种各样的活动。有的时候经济上允许我们做想做的事情了,但又找不出足够的时间。当面对如此的窘境时,你们如何使自己具有创造力?

当时间有限时

你们可能没有时间进行你们渴望的活动,例如延长假期,到塔希提岛旅游,每周打一次高尔夫或网球,为期三天的爱的盛宴,每天较长时间的散步,或者买两张交响音乐会的季票。有些可以成为你们未来夫妻游戏的保留节目。龙妮和丹曾经梦想用四个星期的时间骑脚踏车去欧洲旅行。"我们经济上承受的了,"龙妮说,"我们只是无法从工作中抽出四个星期的时间来。"所以他们只能把这个梦想放进未来的保留节目中。

另一方面,即使你们的日程安排无法实现你们渴望的夫妻游戏,还有其他方法帮你具有创造力。首先,你们可以缩短游戏的时间。其次,你们可以选择一个非常规的时间来做这件事情。

缩短游戏时间　只是因为觉得没有足够的时间就放弃你们想做的事情,这不是理由。你们可以把拥有的时间进行调整。下面例子中的夫妻就是缩短了游戏的时间,而不是放弃游戏。

- 我们本打算用两个星期的时间到山里旅游,但时间不允许,因此我们决定改成一个星期。
- 我们喜欢打 18 个洞的高尔夫,但对于我们这样笨手笨脚的人来说,这得需要一整天的时间。当我们时间紧的时候,我们就改打 9 个洞或三个标准杆的。
- 为期三天的爱的盛宴现在对于我们来说是不可能的,但我们可以把它缩短为一天。
- 我们把大富翁的游戏摆开,玩尽可能长的时间,然后把它留在那儿,另外再找个时间继续。
- 我们有时在家跳舞,省却了出去的时间。
- 我们报名参加有组织的假期旅游,而不用花费大量时间来自己筹划和安排。

● 我们从来不在电视节目正在播放的时候观看，而是
　把我们想看的内容录下来以后再看。这样我们就
　可以快速跳过广告部分，大大减少了我们在电视机
　前消耗的时间。

灵活安排时间　有的夫妻由于没有足够的时间做某
项活动而踌躇，还有的则会因为觉得无法在"正确"的时
间——也就是他们通常用来做某事的时间——做这件事
而犹豫不决。例如，我们曾经为一对在性关系中挣扎的夫
妻提出过建议。妻子在一家百货公司工作，每天的工作时
间都是不同的。她的丈夫从中午一直工作到很晚。等到
他回家时，通常是筋疲力尽，毫无性趣了。"多少个夜晚，
我躺在床上，感到一种性的失望。"她抱怨道。

了解到他们的时间表后，我们指出他们忽略了的一些
事情："有时你们两人上午都在家，为什么不在这个时候做
爱呢？"这对他们来说是"不正确"的时间。他们认为性爱
只应该是晚上回家后做的事情。多么好的一个启示啊！
后来他们发现任何时候都是做爱的"正确"时间。

同样，一对夫妇告诉我们他们想与另一对夫妇成为朋
友：

　　我们两家的儿子在同一个队里踢足球，这样我们
　就认识了。我们很喜欢那对夫妻。我们总觉得应该

和他们一起出去吃顿晚饭,并且花了几个星期想找到一个合适的时间。但结果两家的时间总是对不上。后来我们发现我们在市区的工作地点彼此离的相当近。那么为什么不利用午餐时间聚会而非要等到晚饭时间呢?然后我们就见面了。

时间,无论是一个必要的时间量还是"正确"的时间,永远不会成为那些在夫妻游戏中具有创造力的人们的障碍。

当经济能力有限时

我们喜欢看孩子们玩耍。他们把可以找到的任何东西——锅碗瓢盆、硬纸盒、泥土,等等——都拿来玩耍。对他们来说,没有钱照样能玩。毫无疑问,锅碗瓢盆对你们已经没有什么吸引力了。但你们还是能从孩子们身上学到点什么。比如,试试他们最喜欢玩的不用花钱的游戏:过家家。玩过家家的时候,你们可以假扮成不同的人物——电影明星、情场上的老手、绝对自信的人,或是任何让你们羡慕的人。

如果你们很想通过这个游戏加强你们的关系,那么就扮演一个能够弥补自己不足的人。打个比方说,如果你不善于表达自己对对方的感激,那么就扮演一个可以轻易指出对方的所有优点并能对伴侣的每一次爱的行为表示感谢的人。这种假扮会令你们受益无穷,因为当你扮演这个人时,你会发现自己越来越像这个人。

还有很多其他的方法可以使你们不用花钱或只花很少的钱就可以游戏。我们生活中曾经有一个阶段财力有限,但却有着相对奢侈的品味,我们梦想的房子是我们经济上承受不了的。然而,我们能够承受的是从那些理想的房子旁走过,观察它们的装饰风格,在脑子里记下一些信息以备将来有用。

以下的几项活动是介绍给资源有限的夫妻的(当然也适用于资源充足的夫妻):

● 去公园野炊。
● 邀请其他夫妻到家里吃顿家常便饭。
● 了解并利用社区提供的免费活动和资源(别忘了查看当地图书馆)
● 利用附近学校的跑道散步或慢跑。
● 邀请邻居过来分享一瓶红酒。
● 租几盘电影录像带,在家里就着爆米花和饮料慢慢欣赏。
● 演奏乐器或唱歌的时候,最好自愿到一个大范围的设施里表演。

不要低估这些低费用活动的价值。曾经有一人对我们谈起他与妻子共同经历过的最快乐的一件事情。那是在一个晚秋的日子,他们来到肯塔基州的一个乡村。"我们只是想来看看我们能看到什么。"他们逛了几个村镇,欣

赏秋天的景色,并和当地居民愉快地畅谈。"我们那次的
费用只是汽油费和午餐费,"他回忆说。令人难忘的经历
可以是各种各样的,而有些并不需要花很多的钱和时间。

游戏不停止

我们前面列了四个能帮助激发你们创造力的问题。第五个问
题是:我们如何把这些事做得多姿多彩?挑选两三个你们最喜欢
的活动,看看你们能想出多少不同的方式来做这些活动。

例如,你们喜欢的夫妻游戏之一是外出用餐,那么如何使其多
样化呢?是不是可以每个月尝试不同的风味?或者去一家餐厅吃
主菜,再到另一家餐厅用甜品。还可以请厨师按照你们的要求为
你们特制一道菜。

和另外几对夫妻共同成立一个"外出进餐俱乐部"怎么样?或
许你们这个小组可以搜索出新的有特色的餐厅,有的也许还会提
供旅游服务。外出用餐是我们俩最重视的活动。很多地方都给我
们留下了难忘的美食印象,其中包括福特布莱歌、加利福尼亚、乔
治湖、纽约。但是有一件令我们后悔的事情。在得克萨斯州奥斯
汀的一个餐厅用餐时,厨师想要为我们提供"惊喜的"服务。他将
精心挑选从开胃小菜到甜品到红酒的每一样内容。当时,我们还
不够冒险,不敢接受这特别的服务。直到现在,我们一直为此事后
悔。重要的是,美食俱乐部可以使你们了解这种可能性并在一起
享受美食的乐趣。

一旦你们为自己喜欢的游戏想出几个可选择的方法,就试一试。
你们也许想回到原来的模式,也可能从此发现你们的这些创造力产生
了新的夫妻游戏的方式,而这些方式是你们愿意继续下去的。

无处不在的游戏机会

当被问及为什么他们夫妻生活中的游戏不能再更多一些时,一个男人带着讽刺的口气回答说:"我们不是小孩子了。我们有很多的责任。我们工作一天回到家后,还要做许多家务。我们的父母教育我们说'先工作后玩耍'。我得告诉你我们现在的生活中可没有时间让我们玩儿。"

很多人都是在"先工作后玩耍"这句话的教育下成长的。我们不仅把它看作是一个忠告,更把它当作道德行为准则。我们被灌输的概念是,游戏是要以我们完成工作为前提的。我们认为游戏的价值就是让我们准备好尽快重新回到工作中。

从积极意义上说,这种教育培养了人们的责任心。它同时反映了人们的一种良好的心理状态:游戏是对你工作的一种奖励,从而能使你更好地工作。从消极意义上说,这个原则使有些人，例如我们访问的那个人，变成有极度责任心的工作狂。它还暗示工作和游戏是相互对立的。它掩盖了两个重要的事实：第一，你可以把游戏和工作结合起来；第二，在平常时期你也可以找到许多游戏的机会，这个平常时期指的是你进行日常活动的时候。这两个事实都能说明夫妻游戏的机会是无穷的。

机会无处不在

还记得我们在第六章提到的那个关于顽皮的例子吧。他们的那几种情况下都潜藏着机会：吃晚餐的时候，沿人行道散步的时候，在客厅休息的时候。这些证实了夫妻游戏的机会无处不在。一位从事休闲研究的教授曾经指出，沿人行道散步不算是一种游戏。但是如果人们注意到人行道上的砖缝，然后根据砖缝测量自己的步幅，并努力避免踩到砖缝上，那么，这就是游戏了。

如果是这样的话，所需要的并不是一个指定的时间，一个特别的地点，或者是特殊的资源，而是一种游戏的心态——一种随时游戏的心理准备和对于每天都会面对的许许多多机会的敏觉性。一对夫妻曾告诉我们他们是如何顽皮地向对方示爱的：

> 我们刚结婚的时候，当其中一人向另一人说"我爱你"时，得到的反应是"我爱你更多"。然后，第一个

人就会说"我爱你甚至更多"。我们继续比着说，都想超过对方。现在我们已经不再这样做了。但我们还是努力在表达爱意时能胜过对方，并且每次都是以两人的大笑而结束。

机会是无限的。以下的六项建议可以帮助你们学会利用机会，并增加你们平常时期游戏的次数。

1. 把家布置得可以随时提醒你们游戏。
2. 把家庭琐事和夫妻游戏相结合。
3. 在平凡的活动中增加游戏。
4. 让简单的欢乐变成特别的时刻。
5. 顽皮地做出游戏的决定。
6. 在零碎的时间里做亲密的游戏。

把家布置得可以随时提醒你们游戏

想想你们曾经造访过的家庭。当你走进一个家时，这个家的环境决定了你的情绪。一个简朴的、除了吃住之外再没有其他什么用途的家会给你一种冰冷的感觉。当你进入一个近乎完美的家，你可能格外小心，不敢碰任何地方。而如果它是一个温馨而美妙的地方，你就会觉得受到了欢迎，心情也会放松下来。

换句话说，你们家的装饰风格能影响很多人的情绪——不仅是来你们家做客的人,也包括你们自己。那么为什么不把你们的家布置得活泼一些呢?如果你们的家能够培养你们游戏的情绪,那么你们随处都会看到游戏的机会。

氛围创造游戏机会

社会心理学家早就发现情绪很大程度上影响着人们的行为。例如,当你情绪低落的时候,你的想法就会变得消极,你就更倾向于看到事物不好的一面,也不会积极地去帮助需要帮助的人。相比之下,如果你心情很好,你会更多地看到世界积极的一面,更愿意帮助别人。因此,这个理论也可以证明顽皮的情绪能够使你认识到并利用平常时间的游戏机会。

当然,一个布置得热闹的家并不一定带给你顽皮的情绪。假设你刚被解雇回到家,这时屋里布置得再热闹,你也不会马上从沮丧和气愤中解脱出来,而变成你爱人的玩伴。再或者,假设你们两口子正在争吵,这时你们热闹的家居布置丝毫不会减少你们意见上的争执,也不会让你们马上变回一对亲密的爱情鸟。凡此种种。然而,一个有着游戏气氛的家可以带给你们游戏的心情,还可以使你们对于游戏机会更加敏锐、更加易于接受。

旅行使我们更加明白一个地方的气氛对于我们的心境是多么重要。几年前,有一次,我们夫妻二人留宿在一个很有特色的住宿加早餐旅社时,曾入住过一间蜜月套房,因为那是当时惟一剩下的空房。我们自己的蜜月已经是很久以前的事了,而那间套房布置的相当浪漫。我们很喜欢它! 相比之下,我们也曾经在一些吹捧得很厉害的酒店预定过客房,但最后发现那些房间一点也不整洁,马上影响了我们的情绪,使我们原先的任何浪漫的想法立即荡然无存。

因此,我们总结出一条公式:氛围创造心情,而心情导致行为。当氛围活泼有趣时,就会获得游戏的心境,就会在平常时间里有更多的夫妻游戏。

有趣的家

那么,如何让你们的家变得有趣呢? 除了适用于所有夫妻游戏的规则之外,还要掌握一个基本规则:你们两人都觉得有趣。让房子到处都体现出运动主题的布置并不一定是有趣的,除非你们两人都是运动迷。如果让你自己感到眼花缭乱的布置会使你的伴侣感到不安,那么这也不是有趣的家。

因此,创造一个有趣的家是没有一个固定公式的。你们应找出适合自己的方法。下面这些其他夫妻的经验可以供你们考虑:

- 用颜色活泼亮丽的油漆或壁纸装饰你们的墙壁,这会使你们两人都感到兴奋。
- 把一个房间改造成娱乐室(一个成人的游戏室),在这里你们可以追求自己的爱好,可以做游戏,可以一起工作。

- 把你们包围在能够使你们绽放笑容的图画和工艺品中。

- 随处放一些有趣的风俗画来激发人们的好奇心,并让来访者也从中找到乐趣。

- 把那些快乐时光的纪念品放在你们能够经常看得到的地方。

- 用一件特殊的、不寻常的家具来为你们的房间添彩。

- 为你们的家居装饰增添一种离奇的色彩。比如在盆景上放置一个玩具蜘蛛,把一面大镜子悬在床上,做一个伸出的手的形状的门把手,等等。

- 赋予不同的房间不同的主题,以体现你们的兴趣或经历。

这些或许都不适合你们,但至少你们有了一个概念。把你们的家看作是心情的培养皿。然后就可以开始动手创造你们渴望的氛围了。

我们做的一件事情就是把我们旅行中收集的纪念品摆放在家的每一个地方。它们经常提醒我们曾经共同度过的快乐时光。比方说,鲍勃喜欢收集各种形态尺寸的驼鹿。他收集的驼鹿包括精美的瓷器和填充玩具,大小从3/4英寸到6英尺高不等,工艺上也是有的精致有的粗糙。他之所以收集驼鹿,是因为它们"笨拙而且粗糙"——这是他常常用来形容自己的词汇。也正因为如此,它们经常给我们带来欢笑,而且来我们家的客人也都觉得它们很有趣。

其中一个驼鹿引起了特别的关注。那是来自中东的一个学生给我们的礼物。他看到我们的收藏后很是羡慕,于是回国后给我们带回来这个礼物。实际上,那是一个长颈鹿。"这是我能找到的最像驼鹿的东西了。"他解释说。

把家庭琐事和夫妻游戏相结合

我们在有些事情上和许多其他夫妻是一样的。珍妮特在购物上很谨慎,她喜欢到处看,直到找到她真正想要的东西。鲍勃则对百货商店厌恶之极。结果,他们在购物这件事情上经历了三个阶段。第一个阶段是一起去商店,珍妮特自顾自地逛,鲍勃则百无聊赖地跟在后面。这样的效果很不好。珍妮特已经厌烦了鲍勃跟在后面,脸上却是极不情愿的表情。

在第二个阶段,购物变成了珍妮特的个人行为,而鲍勃则留在家里工作(至少他这样说)。虽然这样购物会让珍妮特快乐一些,但他们还是不太满意。像大多数夫妻一样,生活中有很多事情需要他们各自独立承担,因此他们十分珍惜在一起的时光。他们发现两人在一起做事的机会越多,关系就越亲密。然后他们就进入了第三个阶段。如何把个人的家务琐事同夫妻游戏时间相结合呢?他们决定,只要有可能,就一同开车去购物中心。当珍妮特购物的时候,鲍勃就找一张桌子,边喝咖啡边趁这个时候把没看完的书看完。珍妮特买完东西后,他们再一起吃晚饭然后开车回家。就这样他们享受着在一起的时光——那些他们本来要分别度过的时间。

把个人的家务琐事同夫妻游戏相结合的一个方法就是尽量在一起做家务。

比如说,通常是妻子打扫房间,丈夫照管花园,为什么不能一起做这些事情呢?你们可以同时享受两件事带来的快乐,你们可以获得更多的在一起的时间,家务也不会显得那么繁重了。

即使你们做不到经常在一起干家务,至少也应该偶尔为之。玛莎和唐纳德就经常一起做事。然而,玛莎很多时候都在烘焙食物,这显然是一个人干的事情。有一次,她让唐纳德过来帮忙。她想做五种不同的曲奇拿到她女儿学校去参加圣诞烘焙展销会。但是,唐纳德却把厨房搞的一团糟。面粉撒了他一身,也撒得操作台上到处都是。巧克力碎片散落在地上。他还错把辣椒粉当成了肉桂。他的这些笨拙表现成了一个笑话。"至今,"玛莎说,"唐纳德的'热巧克力'还被我们传笑着。"

还有一次,唐纳德在后花园挖一个老树桩,玛莎在洗衣服。唐纳德还记得那是一个闷热的夏天:

我特别累了,大汗淋漓,想喝点什么。要是往常,我会到房间里休息一下。但那次,我想换一种方式。

所以,我用手机给玛莎打电话。她接了电话,我说"玛莎,我想让你出来亲我一下。"她沉默了一刻,显然是电话里我的声音让她吃了一惊。"你在哪儿呢?"她终于问道。我告诉她我还在后花园。我说,"你过来的时候,给我带一大杯冰水好吗?"

她拿着水出来了,面带微笑。我们一起休息了一会儿,聊了聊彼此干的怎么样了。她回屋后不一会儿,我的手机响了。是她打来的。"我忘了亲你了,"她说,"你回来以后我再亲你好吗?"我告诉她她可以给我一个吻和其他任何她能想到的东西。

在日常生活中创造游戏机会

有一个故事讲的是一个老妇人对一个新婚太太提出的关于家务事的建议:如果你事先明白家务事是干不完的,你将来就不会感到失望。每当你环顾四周,觉得自己刚把家务事完成得挺漂亮时,别忘了,就在你向自己祝贺时,床单又皱了,家具上又落了灰尘,厨房还在等着你准备下一顿饭。

这是关于家务事的一个观点——永远做不完但又必须做。作家凯瑟琳·诺利斯却提出了不同的观点。她问自己,人们是否一定要在精神生活和重复的、繁重的家务中作出选择。她的回答是,日常家务是爱的一种形式,而不是打扰你们美好生活的麻烦事。她曾在书中写道,学习类似如何烤面包的家务事,使她"变得更加实际,更加接近真实的世界,摆脱了过去那样毫无目的、过度理想主义的作风。"

无疑,你们可以以截然不同的方式看待家务事这样平凡的活动——是例行公事的苦差或是一种爱的行为。我们推荐后者。如果你们在心中默认这些都是必须要做的任务,并且通过做这些事情,你们使另外一个人的生活变得更美好、更轻松,那么,你们的感觉会很好。如果你们再为这些平凡的劳动增添一些夫妻游戏的话,那么就如同给蛋糕加了一层糖衣。

下面介绍一下别的夫妻是如何把游戏融入到日常家务劳动中的:

到自助洗衣店洗衣并烘干衣服可能是一件令人厌烦的事情,即使你们把它看作是一种爱的行为。有一对夫妻在一起做这件事的时候,还"结识了当时也在那里洗衣的其他人,并且总在最后比一比看谁在五分钟内叠的衣服最多。"

驾驶总是要耗费大量的时间。你们可能经常要开30分钟或者更长时间的车,即使不是为了工作的目的。看看玛莎和唐纳德是如何处理这些时间的:

我们编了各种各样的游戏来消磨时间。比如,一天晚上,我们从剧院驱车回家的路上看到了迷人的满月,于是开始唱所有我们能够想到的歌词中带"月亮"

的歌曲。还有一次，我们谈到我作为英文老师的工作。当时我正在教学生们明喻和暗喻。于是我们开车的时候就四处张望，选择一些类似于天空中的白云或造型奇特的建筑物等物体，然后尽可能多地想出和它们相关的明喻和暗喻。

回家或分开后重聚对于巩固亲密关系是十分重要的。我们有一次参加一个聚会。一个朋友来晚了，而他的女朋友早就到了，并且知道可能是工作上的事耽误了他。他向每个人打招呼，对他的女朋友点了点头，然后开始和另一个客人聊天。他们现在已经分手了。相比之下，一个有着稳固幸福婚姻的女人曾告诉我们她和她的丈夫从来都很看重两人的团圆："当我们回到家，或在别的地方见面时，我们总是相互拥抱并接吻。我们从来都不把看到对方当作是无聊的、稀松平常的事情。"

做晚饭是许多夫妻共同分享的家务劳动。对有些人来说，这只是日常家务中的一项，但对另外一些人来说，这是一个夫妻游戏的机会。西蒙是这样告诉我们的：

爱丽森和我喜欢一起做晚饭。我们总是用这段时间交流白天发生的事情。这是我们分开一天后再次沟通的绝好机会。我们还喜欢做一些烹饪上的试验。我们会准备一道菜，然后看看如果加上一种特殊的香料或香草，会是什么味道。每隔一段时间，我们就要作一回美食家,拿出世界各地风味的菜谱,尝试着做些异域风味的菜肴。

共进晚餐,不管是在家里还是去餐馆,可以是一件马马虎虎的日常事情,也可以是一段有意思的亲密时光。鲍勃与珍妮特夫妻各自的成长经历是截然不同的。在鲍勃家,做饭和吃饭都是快速而安静的。吃晚饭只是一件在继续做其他更加重要的或更有趣的事情之前必须要做的事情。而在珍妮特家里,晚饭是全家享受美食和交谈的休闲时间。你们可以采用任一方式,但我们推荐后者。

当然,你们不一定想把每一件平凡的活动都变成游戏。开车的时候,你们或许更愿意聊聊天,或者听音乐,或者静静地什么也不做。不必把所有平凡事都换成游戏,但要意识到你们是可以把平常活动变成爱的行为和夫妻游戏的。

让简单的欢乐变成特别的时刻

让我们回到晚饭这个话题。吃一顿丰盛的晚餐是人生乐趣之一,如果再加上谈笑风生,那么就更是一种享受了。夫妻游戏把晚饭变成了一件难忘的事情,这也就成了特别的时刻。唐纳德还记得他们的一次晚餐:

那时我们手头挺紧的。我们去参加一个亲戚的婚礼,路上要在酒店住一晚。我们到的时候已经很晚了。我们累了,所以决定就在那家酒店就餐。酒店餐厅菜谱上的菜档次高,价钱贵。我一看菜谱,被价格吓了一跳。玛莎对我耳语:"要不我们现在走吧?"我说不,"去他的价格吧,我们就在这儿吃了。"从那一刻起,我们就有好玩的了。我们笑自己对餐桌上个别餐具的无知,嘲弄自己装成富人的样子,揣测其他客人的职业和兴趣,并且痛痛快快地享受我们吃过的最高档的也是最昂贵的一顿晚餐。那一晚的经历真的令我们难忘。

如果一味考虑省钱,那顿饭恐怕就会变成一场噩梦了。然而,这对夫妻的做法让它成为了难忘的时刻。

当你们把平常的乐事加入游戏时,你们就创造了特别的时刻。想想音乐吧,如果你们经常在家里放音乐,那么也可以想些办法让家里充满乐趣。除了听音乐,你们还可以在做家务之余,随着音乐唱唱歌,跳跳舞。让简单的音乐变成你们夫妻游戏的时光。让音乐变成——用莎士比亚的话说——"爱的粮食"。

你们不一定非要把歌唱得很好或者把它变成特别的时光。洁蜜还记得那天她的丈夫莱克斯是怎么唱歌的:

> 莱克斯喜欢音乐,但是他五音不全。那天我们正在听广播里播放莱克斯喜欢的歌"你是如此美丽",莱

克斯突然转向我，拉着我的手，开始跟着一起唱。他唱歌的时候，强调每一个"你"字，并且始终看着我，这让我很感动。他努力模仿那个歌星的声音，把我逗得大笑。在那首歌结束之前，我们两人再也绷不住了，一起大笑起来。我的眼里充满了泪水，一部分是笑出来的，还有一部分是感动于莱克斯对我真诚的爱的表达。那种感觉真是棒极了。

跳舞也同样可以把简单的音乐变成特别的时光。正如瑞贝卡·阿布莱姆指出的，舞蹈是"一种身体游戏的形式，它结合了躁动的乐趣以及无拘无束的自我表现"。莱克斯和洁蜜相识在一个舞蹈学习班。他们喜欢到舞厅跳舞，在家里也经常即兴跳上一段。下面的这件事把他们觉得沮丧的事情变得有意思了：

> 莱克斯那天在算我们的税金。这对他来说是一件烦心的事，一想到我们要缴那么多的税，他就不高兴。我收拾完餐具，像往常一样，开始放音乐。我觉察到莱克斯动心了。"嗨，"我对他说，"有音乐了，咱们跳会儿舞吧。你等会儿再算那个。"他嘴里嘟哝着想先把它做完，但还是把笔一扔，开始和我跳舞。
>
> 我不记得那天放的是什么音乐了，但它使我想起那些挑逗性欲的阿拉伯舞蹈。因此我开始摇晃我的身体。我猜这一定起了作用。莱克斯脸上出现了那

种表情,很快,我们就向卧室移去。等莱克斯再回去算我们的税时,他嘴里哼着小曲。

顽皮地做出游戏的决定

很多夫妻决定游戏的时候通常都是在回答下面这些问题:"我们去看什么电影?""我们到哪儿去吃晚饭?""今年我们到哪儿去度假?""你想怎么庆祝我们的结婚纪念日?"等等。对很多夫妻来说,做决定的过程是累人的也是气人的。一个累人的过程可能就是这样的一段对话:

"今晚你想到哪儿吃晚饭?"

"我不知道,你有什么想法?"

"没有。你呢?"

"没有。我听你的,怎么都行。"

"我也不敢肯定我想去哪儿。"

"我也是。你真的没有想到什么能吸引你吗?"

这种对话不陌生吧? 当我们和很多夫妻描述这样一个累人的过程时,他们都是会意地点点头,不好意思地笑了。我们猜想你们的反应也差不多。曾经有一对夫妻告诉我们他们经常要花游戏本身那么长的时间来决定去哪儿或者做什么。

如果双方的游戏意愿是相互排斥的,那么这个决定过程就不会愉快。有好几年的时间,我们定期和另外一对夫妻结伴去看电影。我们在决定看什么电影时几乎没有出现过问题。然而,有一次,却有点磕磕绊绊。在一段简短的讨论之后,我们四人中有三人达成一致意见,另外一人却有不同的想法,而且他很坚定。于是他和他的妻子有了下面的对话:

丈夫:"我整个星期都在盼着看这部电影。"

妻子:"但我们大家都不想看它。"

丈夫:"可我也不想看你们要看的那个。"

妻子:"听着,今晚就去看我们要看的那个吧。下星期我们随你去看你想看的那部电影。"

丈夫:"我就想今晚去看。我们为什么不能今晚去呢?"

尽管他最后还是同意去看我们三人都喜欢的那部电影,但他脸上的表情始终是阴沉的、气愤的。不用说,这一晚,我们过的不会快乐。

如果你们在做游戏决定时并不省事或者并不痛快,那么游戏的乐趣就会大打折扣。为什么不把做决定的过程变成某种形式的游戏呢?有一对夫妻曾告诉我们他们是如何做决定的。比方说,他们想出去吃饭,就每人拿出五张纸片并在不同纸片上分别写下不同餐厅的名字。他们把所有纸片放进一个帽子里,然后再一个一个拿出来。他们通过这种方式来确定可以选择的餐厅,那最后一张被取出的纸片上写的餐厅就是他们的选择。

另外一个方法就是夫妻两人轮流做决定。可以参考以下规则：

● 确定你们要做的决定(到哪儿吃饭,看什么电影,到哪儿度假,当月尝试什么新的游戏)。

● 确定你们是在活动类别之内轮流("上次是我选择的电影,今晚该轮到你了。")还是跨活动类别的轮流("上周是我选择的电影,该轮到你来决定今晚我们到哪儿吃晚饭了。")

● 抛硬币来决定从谁开始。

● 不要有酸葡萄心理。即使对方的选择不是你愿意的,也要服从。

利用零碎时间游戏

你们会发现你们经常有一些零碎的时间,却没有什么游戏的计划。这些零碎的时间包括你们排着长队等待的时间——在餐厅等一张餐桌,在路上遇到交通堵塞,在机场等班机,等等。在这些时间里你们能做些什么呢？

当然,你们可能会很烦闷,也可能生气。你们可以放松一下,或者闭目沉思。或者你们可以玩点什么,来享受这份时间而不是在那里急躁。我们推荐两种特别适合打发零碎时间的亲密游戏:文字游戏和分享你们的梦想和幻想。

文字游戏

这又是我们从孩子们身上学到的。这些文字游戏我们认为也适合你们：

- 用不同的词组成著名的歌曲
- 造一些押韵的句子(比如,"玫瑰是红色的,紫罗兰是兰色的。")
- 在 30 秒内尽可能多地想出以同一个字母开头的单词,然后看看谁能在一句话中用这些词用的最多。

几百年前开始的一个成人文字游戏是找出一组押韵的词汇,然后看谁能用这些词作出最美的诗。比如,用 ham,ma'am,dam 和 ram 作一首四行诗。如果你有野心,可以用六个或更多的词。或者你还可以用两组押韵的词,通过诗行在它们之间进行转换:如 ham,play,ma'am,day。

另一个有意思的成人文字游戏是看你要用多少步骤才能把一个词转换成另外一个词,而每次只能换一个字母。每一步转换成的词必须是大家都知道的。比如,你要用多少步能把 back 转换成 bold? 你可能用这种方法:

back – bock – bonk – bone – bole – bold。你还能用更少的步骤吗? 编这个游戏的一个简捷的方法就是想一些反义词。可以试着从 give 转换成 take,从 dawn 转换成 dusk,如果你还愿意接受更大的挑战,那么就转换五个或更多字母的单词,如从 white 到 black。

你们还可以在一起玩拼字游戏,或者创造出自己的文字游戏。如果这些你们听起来觉得空洞或者微不足道,我们给你们一个问题和提醒。问题是,难道你们更愿意坐在那儿忍受沮丧和烦闷的煎熬吗?提醒你们的是,文字游戏是让你们夫妻沟通,一起找乐的一种方式。这也就是为什么我们把文字游戏称作亲密游戏。

分享梦想和幻想

你们夫妻的关系如何?这个问题的答案部分地取决于你们在一起的经历。你们夫妻的婚姻史是你们特有的,它造就了你们的关系。而答案的另一部分包含你们共同分享的梦想和幻想。如果你们的关系被你们过去的经历推向某一个方向,那么你们的梦想和幻想也把它推向另一个方向。

你们的梦想和幻想是什么呢?如果你们有可能为每一次亲密谈话的内容制作表格的话,我们猜这种分享的方式只能反映出你们梦想和幻想中很小的一部分。那是可惜的。你们应该彼此分享你们的梦想和幻想。即使有些是不实际的,是你们力所不能及的,也不要紧。分享它们可以帮你们加深对彼此的了解。

那么,什么是你们要做的呢?各自想做什么?夫妻二人想做什么?想变成什么?想实现什么?更具体地说,你们怎样回答下面的问题?

- 你们对于理想的家庭生活的概念是什么?
- 你们想到哪里成就事业?
- 如果你们中了彩票,想用这笔钱做什么?
- 对你们来说,理想的性生活是什么样子的?
- 你们对家的希望是什么,包括地点、家具、园林景色等?
- 你们想成为什么样的人?
- 你们想去的地方。
- 你们想培养的技术。
- 会令你们兴奋的经历。
- 在未来的十年里你们想保持的关系。

当你们共同想这些问题时——你们可以利用那些零碎时间思考——不必顾虑你们的愿望能否实现。别忘了,这些只是梦想和幻想。谈论这些是有意思的,有启迪作用的,而且可以给你们的关系指明方向。当一个女人问她的男友如果他中了彩票,他将怎样使用奖金时,他的第一个反映是:"我不会赢的。我甚至不买彩票。"

"这不重要,"她说,"就假设你会赢吧,你会怎么做?"

然后他就明白了问题的实质,说了他的想法。那段时光对他们来说是难忘的:

　　他说完以后,想知道如果是我中了奖会怎么做。我告诉了他。我们不仅从分享对方如何花这笔钱的想法中得到了很多乐趣,而且还得以有机会很好地了解对方。我发现他比我原先了解的更加细致，更加关心别人。他说他要做的第一件事就是为他已经离婚了的母亲买一所房子。他还愿意供他上大学的弟弟读书。

　　对此我真的很感动。他也很高兴听我说我将送一份厚礼给一家慈善机构——一所受虐待儿童的收留所。从我们的谈话中，我们发现我们两人都是家庭型的人，而且都乐于助人。我想正是从那个时刻起，我们开始认真考虑我们的关系，并且希望把它变成长久的关系。

无论你们在一起的时间长短，分享彼此的梦想和幻想都可以帮你们更好地了解对方，并培养你们的关系。换句话说，这也是永远的夫妻游戏中很重要的一个形式。

游戏不停止

文字游戏以及分享你们的梦想并不是打发零碎时间的惟一方法。事实上,可选择的游戏越多越好,因为任何游戏都能或多或少找到适合它的时间或地点。举例说,如果你们在道路繁忙的时候驾车,就不应该玩刽子手游戏。你们也不会愿意在排长队的时候分享你们的梦想和幻想,那种谈话应该只属于你们两人,而不是说给站在队里的其他人听的。

列个清单,尽可能多地列出你们夫妻通常在一起的零碎时间。想想你们在每一段时间里能玩的游戏。你们可以为每个具体情况想出至少一个游戏。比如,下面这个游戏就是我们有一次在机场候机时想出来的。你们也可以在任何肩并肩坐着的时候玩这个游戏,甚至不必睁开眼睛(比如坐在公园的长椅上):闭上眼睛,发挥你们的其他感官的功能。听见了什么?闻到了什么?向对方描述所有你们听到的声音和你们感觉得到的气味。感觉怎样?

这是一个了解和沟通的过程。比如,我们通过这种方式了解到珍妮特对孩子们声音的反应和意识比鲍勃快,而鲍勃则对机器的声音更敏感。我们也了解到当我们用自己的眼睛接触周围的环境时,有多少景致被错过了。我们再次体会到了游戏对我们关系的促进作用。

行动起来

作为大学教授,我们从来没有听信过那句老话:"会做的人,做事;不会做的人,教书。"然而,它却说出了一个重要的事实:对知识的通晓未必一定转化为行动。由于这样或那样的原因,你们可能没有把你们全部知道的都付诸实践。这并不是因为你们不会。而是因为你们当时为别的事情所累,没有想起把你们知道的都做出来。

特德在大学传播系教书,他就是一个很好的例子:

这么多年来,我教授学生们良好的交流对于从生意到人际关系等每一件事的重要性。我教给他们如何成为好的交流者和倾听者。

你们可以想象当那天我太太气愤地对我说,"我说的话你一个字也没有听,你根本不明白我说的话"时,我有多懊恼。我迷惑了,我是交流学的专家,可我妻子却说我没有听她讲话？或许她是对的？

我当时为自己辩解了一下。待后来再想起这件事，我意识到我可能真的没有听她讲话。我看上去好像是在听，偶尔还点点头以示我的专心。但我没有仔细听她的话，也没有考虑她的感受。换句话说，我并没有在实践我教给学生们的理论。

于是我开始改变自己。当我和太太交流时，我仔细地记笔记。无论和课堂内还是课堂外的人交流，我都注意自己的方式。我很高兴地发现我在课堂上教的东西还真管用。我们不仅要知道理论，还要实践它。

你们现在已经知道很多种夫妻游戏了。问题是，你们将实践这些游戏吗？

本章，我们将告诉你们一些方法帮你们行动起来，包括五条牢记在心的原则，一个需谨记的警告，和一个激励清单。

五条原则

这五条原则是以前几章的内容为基础的。我们用它们来提醒你们发展夫妻游戏。它们是：

● 快乐原则

- 理解原则
- 记忆原则
- 随时随地原则
- 冒险原则

让我们解释一下它们的含义。

快乐原则

　　游戏的关键是你们夫妻同时被某种纯粹快乐的事情所吸引。请注意我们强调的是"夫妻两人"和"纯粹快乐"。如果不是你们两人都喜欢，那就称不上是夫妻游戏。如果你们中有一人觉得这个游戏无聊、恐怖或者厌恶，无论另一人多么喜欢，它也称不上是游戏。一旦你们中有一人或两人做了点什么而减少了游戏的乐趣，那么它就不再是夫妻游戏了。夫妻可以有很多的方式部分或全部地消耗掉游戏中的乐趣。

　　这样的事情就曾经发生在朱迪和斯班瑟身上。他们有一个共同的爱好，就是收集旧眼镜。他们经常光临自己城市里的古玩店，而且每到一个地方旅游，必去那里的古玩店。久而久之，他们对其他小古玩也产生了兴趣。一天，一个朋友建议他们到国际互联网上试试。虽然没有找到他们想要的东西，但他们意识到可以利用网络进行买卖。他们开始寻找廉价的东西然后放到互联网上出售。他们的爱好变成了生意。当初的夫妻游戏也变成了对利

益的追逐。光顾古玩店已经不再是纯粹找乐,还要看看有
没有商机。

快乐原则就是你们必须拒绝任何有可能使游戏不再
是纯粹快乐的事情。

不要用夫妻游戏和你的爱人竞争。不要选择那些费
时或费钱的游戏,它们会给你们带来烦恼。不要指望通过
夫妻游戏来促进你们的身体和心理健康,当然,你们的身
体和心理状况会从游戏中受益的。但是,如果你们把这作
为游戏的目的,那么就会冲淡甚至有损游戏的价值。

也就是说,当你们投入到夫妻游戏中时,充分享受游
戏的快乐吧!享受你们自己的时光,这才是最重要的!

理解原则

了解你自己和你的爱人都喜欢哪些游戏。这个原则
可以指导你们的选择,增加你们的快乐。例如,蒙提告诉
我们:

> 当我们打算度假的时候,我查了所有可能做的项
> 目,并推荐了其中的几个给洁西卡。我了解她喜欢干
> 什么,她不会游泳,也不喜欢水里的运动。所以我没
> 有推荐像漂流这样的游戏,而是寻找一些我们都喜欢
> 的活动。

这份理解增加了他们的快乐:

如果我告诉洁西卡我真的很想去漂流,她也会跟着去的。但是,我们谁也不会盼望这件事。洁西卡会很焦虑,而她的焦虑也会令我不开心的。所以,我们宁愿选择能让我们共同期待的事情。其实,游戏中有一半的快乐是来自于期待和切身的体验,而另一半则是要顾及对方的感受,要让对方高兴。

第三章里,你们完成了你们的游戏公文夹。把你们的发现用于筹划夫妻游戏和进行即兴游戏。同时,要记住你们的游戏文件夹是会变化的。你们目前可能更喜欢体力游戏,过几年也许就转向社会或文化游戏了。因此,我们建议你们每隔一段时间,比如每隔三年到五年,就要重新建立你们的游戏文件夹,保持相互的理解。

记忆原则

回想一下过去让你们感到特别快乐的夫妻游戏。这个原则可以带来三个好处。首先,它使你们的头脑保持在游戏状态。正如琳恩,一个年轻的母亲,指出的,回想过去的经历可以使你们从那些牵扯你们注意力的喧闹的需求中突破出来:

在我们进行婚前咨询时,牧师告诉我们一旦我们有了孩子,生活就会发生巨大的变化。我当时根本不相信他的话,但他的确说对了。我没有想到为母之道对我提出了那么多的要求，而且令我疲惫不堪。我通常会忽略如何同我的丈夫享受属于我们两人的快乐，直到我们回想起过去共同度过的快乐时光。每想起这些，我就希望能有更多这样的机会。

第二，回忆能让你们一次又一次沉浸在那些难忘时光的快乐中。而且，就像琳恩感觉到的，还可以让你们日常生活的压力得到释放：

　　一天晚上，我已经筋疲力尽了，想想明天我要干的那些事情，我就觉得焦虑。我向老公抱怨生活太紧张了。他很是同意，并且说："现在怎么能和当年我们乘游轮在加勒比海上兜风相比呢！"当然了，那时我们还没有孩子，生活是那样的自由和奢侈。然后你猜怎么着？这段回忆并没有让我羡慕过去，反倒让我有了轻松和焕然一新的感觉。等我上床睡觉时，已经不怎么担心明天的事了。

第三，回想过去的快乐时光可以帮你们发现你们还想再次做的事情。琳恩和她的老公在那晚之后就决定在不久的将来再次出去巡游。"我妈妈主动提出不管我们什么时候出去，她将过来帮我们照看孩子，"琳恩说，"所以我们计划六月份去阿拉斯加旅游。"

我们让那些感觉自己的婚姻已经濒临破裂的夫妻回

想他们过去的快乐时光,然后问他们:"当你们高兴地在一起时发生了什么? 你们是如何对待彼此的? 你们喜欢在一起做什么?"我们发现有的已出现危机的婚姻,在夫妻共同回顾了他们早期的一些行为和游戏之后又重新获得了生机。过去对你们的关系有帮助的事情,现在对你们也同样有帮助。

随时随地原则

夫妻游戏的机会是无穷的。随时随地原则提醒我们,夫妻游戏不一定是奇异的、昂贵的或耗时的。无论你们的资源是多么有限,你们总能找到在一起游戏的方式。这个原则还提醒我们,夫妻游戏不应受时间或地点的限制。你们可以把游戏融入到其他许多活动和情况中。精神病学家威廉姆·贝彻曾简洁地概括说,"你们第一个寻找游戏机会的地方就是你们所处的地方。"也就是说,你们是否游戏更多地取决于你们的态度和决心,而不是环境。

我们访问过的很多夫妻都抱怨说他们几乎找不到游戏的时间,下面这个情节在这些夫妻中普遍存在。

一对夫妻在星期六的早上开始一起做家务劳动。妻子打扫房间,丈夫清理花园。然后丈夫进屋想早点吃午饭,而妻子却不想停下手里的活,所以他独自吃午饭。妻子后来简简单单吃了点东西。等他们做完了家务,就去买日常用品。他们开车去超市,一路上保持沉默。在超市里,他们各自照着购物清单取货,几乎没说什么话。等到安安静静地开车回家后，他们把买的东西放到一边。这时一个邻居走了过来和他们谈起房屋业主联合会的一些问题。那天下午剩下的时间又被其他各种各样的事情和电话占据了。

然后这对夫妻开始讨论晚饭吃什么。他们用了大量时间争论是出去吃还是在家吃。等他们决定了出去吃，谁都不想决定到底去哪儿吃。他们最后去了附近的一家意大利餐厅，每当他们拿不定主意时，都默认这家餐厅。吃饭的时候，丈夫却一直看着大屏幕里播放的一场足球赛。回家后，丈夫打开电视，妻子则继续把一些零碎的事情做完。然后，她也过来看了一会儿电视。等那个电视节目演完，也到了该睡觉的时间了。

这个情节绝不是不切实际的。通过它可以看出那些说没有时间游戏的夫妻其实错过了很多机会。你们能指出这对夫妻错过了多少游戏的机会吗？他们怎么做才能让那个周末有更多的乐趣呢？

冒险原则

让你们的婚姻充满惊喜和期待。我们之所以得出这个原则是因为我们听到有一个牧师在主持一个婚礼时是这样开场的："亲爱的新人们，婚姻就是在最亲密的人际关系中的一次冒险经历。"他用的冒险这个词引起了我们的注意。我们喜欢这个词。每一个亲密的关系都应该有冒险的要素，要有惊喜和期待。

我们说"一个要素"是因为事实上,没有任何婚姻关系是冷酷无情的。一旦你们开始长相厮守,你们就可能有烦闷的时候,就可能争吵,就可能不喜欢对方,也可能在脑海中幻想到其他人。这是很平常的。然而要想有一个炽热的、生死相守的婚姻,一定要有惊喜和期待。在你们的关系中应该有一连串让你们激动的冒险经历。

夫妻游戏是冒险的一个主要来源。一个结婚 22 年的男人给我们列出了以下这些他和妻子曾有过的令他们激动的经历:

- 我们的蜜月
- 孩子们的诞生
- 搬到其他的地方开始新的事业
- 我们第一次乘游轮旅游
- 她看过一本有关性生活的书后,主动和我尝试新的性技巧
- 我们的第一次巴黎之行
- 一起动手改造我们的家

请注意这其中有多少包含了夫妻游戏,又有多少提到了第一次的经历。要想在你们的婚姻中保持激动人心的经历,就要通过尝试新事物来扩展你们夫妻游戏的保留节目。多样化确实是你们终生婚姻的调味剂。

一个警告

我们的警告很简单,但却是至关重要的:为你们的夫妻游戏安排时间。这并不是说要取代即兴游戏,而是不要误以为你们所有的或者大多数的游戏都应该是即兴的。不要只把游戏的时间留到当所有的任务都完成和所有的需求都满足了的时候。列入日程的游戏对于忙碌的人们(包括我们所有人)来说,是为生活增添更多乐趣的最有效的方法。可以肯定的是,游戏应该成为你们生活中的组成部分,而不应事后才想起来。

而且,当你们为夫妻游戏安排时间时,不要怕拒绝和你们的时间相冲突的邀请或要求。我们已经不止一次地拒绝过让我们演讲的邀请,因为演讲的时间和我们计划的游戏时间冲突了。"很抱歉,"我们简单地说,"我们那天晚上没空。"

要想有效地计划游戏时间,你们除了要有日历外,还应具备管理时间的技巧。日历是用来提醒你们的,管理时间的技巧可以帮你们为夫妻游戏腾出时间。

培养管理时间的技巧

你们有没有可能用比你们通常所用的要短一些的时间来完成你们目前面临的责任和任务?有相当数量的夫妻给我们的答案是肯定的。你们只需要学习和运用好基

本的管理时间的技巧。以下的六个技巧可以帮助夫妻把
更多的时间留给彼此：

- 把你们需要做的和想做的事情列成清单。
- 确定优先权。
- 规定游戏时限。
- 只要有可能就同时做几件事情。
- 避免时间陷阱。
- 接受帮助。

把你们需要做的和想做的事情列成清单　据我们了
解，大多数人都无法把他们应做的和想做的事情全部记在
脑子里。当我们把要做的事情列个清单时，效果会更好，
效率也更高。而如果我们不列清单，我们经常会折回来做
我们忘记了的事情。一位女实业家是这样说的：

> 我每天都把工作上和家里要做的事情写下来。
> 如果我不这么做，所有这些事情就会一直在我的脑海
> 中盘旋，而且我老得去想我忘了做的事情。当我发现
> 我连做爱的时候脑子里都想着这些时，我意识到自己
> 应该采取点措施了。每天列清单就是我想出的办法。
> 这使我们有了更多的游戏时间，也玩得更尽兴了。

确定优先权　清单上的项目不是同样重要的。这里
面包含你们必须做的和你们想要做的事情。你可能需要

去赴医生的一个约会。很多其他的被人们称作"需要做"的事情实际上也是"想要做"的,而"想要做"的意思或者是"我喜欢做"或者是"我认为我应该做"。如果是这样的话,在春天的某一天给房子进行大扫除应该是"需要做的"还是"想要做的"呢?假设你既想进行房子的大扫除又想在一起散步,而你们又没有时间兼顾两者的话,你们会如何选择?

清单上所列的事情可以通过"需要做的"和"想要做的"来进行主次之分。确定了优先权后,一旦有不太重要的事情没按计划完成的话,你们也不会觉得不痛快。要提醒你们的是:不要总是把夫妻游戏放在你们所列清单的次要位置上。

规定游戏时限　你们有过类似这样的经历吗?

我们和另外三对刚刚认识的夫妇共进晚餐。一切都很顺利。我们在和他们聊天的同时,还期待着一会儿我们就可以独自享受我们自己的时光,或许还会做爱。没想到有一对夫妇是夜猫子。其他人都走了,但他们却呆到了凌晨一点! 等他们离开以后,我们疲惫之极,连收拾的力气都没有了,更别提做爱了。

在某种程度上,主人可以用温和的语气让夜猫子知道这次聚会该结束了。无论是工作还是社交,你们都需要做出时间的限制。事先决定你们要花多长的时间做这件事情,并且想好如何在必要的时候让大家知道时间上的限制。在上一个例子中,那对夜猫子可以被告知,"你们能来,我们真是太高兴了。但现在已经过了我们的休息时间。不如咱们另外找一个时间再接着聊吧。"

宣布活动的结束并不是无礼的。这是在维护你们拥有的最宝贵的一样东西——时间。有些情况下,你们可以事先通知大家活动时限。比如,一个总喜欢没完没了闲聊的朋友给你打来电话,你可以把话说在前面,告诉他你最多能聊多长时间。当你们参加聚会时,可以先告诉主人几点钟你们必须得走。我们曾经供职过的一个委员会开会时通常要从晚上 7 点开到夜里 10 点或 11 点。一个朋友想加入这个委员会,但他事先声明他只能呆到晚上 9 点。所以,每当时钟走到 9 点的时候,他就离开——不管发生什么事情!

只要有可能就同时做几件事情 "我一次只能做一件事情。"当你正在从事一项工作时,这种回答或许能有效地拒绝其它的任务,但这却不是真的。事实上,我们在同一时间里能做的事情绝不止一件。因此,只要有可能就多做一件事情,这样会为夫妻游戏释放出更多的时间。

我们之所以说"只要有可能",是因为在有些情况下你们需要全身心的投入。比如说驾驶。再比如说当一个人有了麻烦,在电话里向你倾诉,希望你仔细倾听的时候。

而另一方面,当你的电话线很长或使用无绳电话聊一些无关紧要的话题的时候,你就可以同时做另外一件事情。举例而言,葛雯约她的未婚夫一起去滑冰。出发之前,她想把早餐用的碟子洗干净,还要为到期的账单填写好支票。当她开始洗碟子时,电话铃响了。是她的朋友苏珊妮打来的。于是她们开始聊天,直到葛雯的未婚夫已经如期赴约的时候,她们还在聊着。当听说葛雯坚持要做完那些家务后再出发,她的未婚夫很不高兴。

葛雯犯了两个错误。首先,她应该在电话里把她时间上的限制告诉她的朋友苏珊妮。她可以回头再给苏珊妮打过去,或者把谈话缩短到几分钟。另外,她本可以边打电话边把洗碗和写支票的事情做完。苏珊妮没有遇到什么麻烦事,她和葛雯只是互相问候一下。如果葛雯边聊天边做手头的事情,她就会有更多的时间去玩,也不至于激怒她的男朋友。

避免时间陷阱 时间陷阱指的是一种不必要的浪费时间的行为。典型的时间陷阱包括拖延、完美主义和迟缓的决策。当你面对一项你不喜欢的任务时,你就可能拖延。你会通过拖拖拉拉做其他事情来试图逃避这项任务。如果你有拖延的毛病,那么可以在这项繁重的任务完成之后,找点开心的事情来犒劳你自己。

完美主义比较难克服。如果你是一个完美主义者,你就会把大量的时间用来工作,用来照看你的家,用来穿衣打扮,等等。想想什么是主要的吧。是把你的家收拾得一尘不染更重要呢还是享受与你的另一半共处的时间更重要？如果你有大把的时间,是用来花在商店里只是为了以最好的价格买到一个完美的礼物更好呢,还是用在夫妻游戏上更好呢？要学会给你的完美的标准让步。你们的婚姻将因此而变得更加丰富。

最后,我们来解决决策迟缓的问题。如果发现你们在做一项决定时总是浪费时间,那么就把这个过程变成游戏吧。与其烦恼和气愤,不如把做决定的时间用来享受和彼此在一起的快乐。

接受帮助　当今的服务业已经发展到只要你负担得起,你就可以除工作和游戏之外不做其他任何事情的程度。在很多地方,你都可以雇人来帮你清扫房间,整理花园,上家里来做汽车保养,为狗美容,帮你购物,并且每日三餐都可以送来可口的饭菜。你们还可以把大部分的收入存入银行,那么这笔储蓄就可以自动支付你们的账单了。

尽管你们不一定用上所有这些服务,但至少它们是存在着的。问题是,如果你们负担得起,为什么不接受一些帮助来给自己的夫妻游戏留出更多的时间呢？如果你们不认可在这方面花钱的想法,问问自己:如果我们把钱省了下来,却没有了时间享受和彼此在一起的快乐,那么我们得到的是什么呢？从有利于他人的角度来考虑这件事,你们还可以想想,通过给别人提供一份工作,你们对他(她)的帮助有多大。因此,接受你们能负担得起的帮助并不是浪费时间,而是为你们的夫妻游戏留出了时间。

记录日程表

你们的日程表上可能记录了工作上的事情、家庭聚会、和医生或牙医的约会、社会活动和一些定期要做的事情,比如听音乐会或去健身俱乐部锻炼身体。我们建议你们把夫妻游戏也列入日程表。乔和琳恩做了父母之后发现了这么做的重要性:

> 有一段时期,作为父母的我们不再有夫妻游戏了。工作以及照看家和孩子就占据了我们每天的全部时间。我们觉得没有时间游戏,这给我们两人都带来了压力。所以有一天,我们坐下来用铅笔在日程表上标出每周的"快乐时间"。你猜怎么着?我们发现我们能够找出游戏时间。但是如果我们不把它列入日程,如果我们没有为游戏做计划,它就不会发生。

孩子们并不是我们生活中的惟一需要。没有孩子的夫妇也抱怨日程太紧,没有游戏的时间。关键是,每对夫妇都要控制好自己的日程表,否则,别人就会来控制你们的日程了,而且,他们是不会在你们的日程表里安排游戏时间的。

为了给你们的夫妻游戏保留时间,你们不必做固定的计划。只要简单地在你们的日程表上写下"约会夜",以后再填写具体内容。有的夫妻甚至把性生活列入日程。如果你们坚持认为性生活应该是两个激情达到高潮的人自发地结合在一起,听听这位忙碌的妻子的话:"有计划的性生活比没有性生活要好的多。"对把性生活列入日程的另一个反对意见是:"如果我没有兴趣怎么办?"这有可能发生。如果是这样,就做点别的事情。你们还是保留了夫妻游戏的时间。然而,当你们知道那天晚上你们安排了性生活,你们整个白天都会想着这件事情,等到晚上,可能就有了情绪。你们可能愿意或者不愿意把性生活列入日程。但是你们应该把其他各种各样的夫妻游戏包括进去。这样做将阻止你们把其他事情列入日程,给你们一个拒绝其他要求的理由,还将保证你们有充足的时间进行夫妻游戏。

激励清单:101 条夫妻游戏的建议

"今晚我们干什么?""如何才能扩展我们的保留节目?""对于新的不熟悉的事情我们能做什么?"这些是夫妻们反复提出的问题。下面的这个清单将帮助你们找到答案。其中很多游戏我们在前面都提过了,有简单的,也有复杂的。它们没有什么特别的顺序,也不一定都会引起你们的兴趣。它们的主要作用是刺激你们想出更多的能够

享受快乐的方法。每当你们想给夫妻游戏注入新的活力
的时候,就看一下这个清单:

1. 计划到维也纳或威尼斯或其他任何你们向往又负
   担得起的地方度假。

2. 参加一个男女混合的排球队。

3. 把邻居请过来喝杯葡萄酒。

4. 两人一起沐浴或洗泡泡浴。

5. 在两周内每天给彼此说个新的笑话。

6. 穿上你们防水的衣服,在雨中散步。

7. 星期六的上午就在床上度过——做爱、读报、看电
   视、聊聊你们的白日梦。

8. 举行一个"让我们庆祝今天"的酒会。

9. 给对方写一封情书并寄给他(她)。

10. 培育一个花圃。

11. 去滑水或滑雪。

12. 躺在草坪上描述你们从云里看到了什么。

13. 参加一个美食烹饪班。

14. 安排一次约会,把它假设成你们的第一次。

15. 乘热气球旅行。

16. 听一场音乐会。

17. 到当地的农贸市场走走看看。

18. 选择一部经典电影的录像带,邀请朋友到家里来
    一起过一个电影之夜。

19. 计划到艺术博物馆或者过山车公园或者其他任何你们觉得好玩的地方去放假。

20. 享受一顿"垃圾食品"的晚饭。

21. 到购物中心打电玩。

22. 放风筝。

23. 当你们分开的时候和对方在电话里说情话。

24. 学习空手道。

25. 学习跳吉特巴舞。

26. 挑战难度较大的智力拼图玩具。

27. 到国际互联网上的笑话和幽默网站上冲浪。

28. 在床以外的其他地方做爱。

29. 把车停在"情人道"上，再开出来。

30. 把自己假想成一对名人夫妻，并以他们的身份生活一天。

31. 为彼此做脚部按摩。

32. 在餐馆边就餐边调情。

33. 为你的爱人起一个私人的、浪漫的昵称。

34. 堆一个沙滩城堡或雪人。

35. 在火堆上烤软糖吃。

36. 出去远足。

37. 与另一对夫妇打麻将。

38. 对彼此唱情歌。

39. 过一个"拥抱日"，每当你们经过彼此时，给对方一个拥抱。

40. 背包去旅行。

41. 纵马驰骋。

42. 开始集邮。

43. 把你们中学时代的乐器拿出来,拂去灰尘,来一个二重奏。

44. 参加有氧健身班。

45. 计划在附近的汽车旅馆享受周末爱的盛宴。

46. 外出旅游时,特意到不同的咖啡馆去坐坐,并把你们对于那里咖啡、周围环境、谈话等的感受写进日记。

47. 共同做一顿异国风味的晚餐。

48. 看着天边的余晖,说出你们的梦想。

49. 在海滩点起一团篝火,讲鬼的故事。

50. 轮流计划神秘的约会,只告诉对方到时穿什么。

51. 观看当地剧团的演出。

52. 打迷你高尔夫。

53. 骑单车兜风。

54. 在落满秋叶的路上散步。

55. 一起练习瑜珈。

56. 在一周内,每天去不同的餐厅吃晚饭。

57. 轮流读书给对方听。

58. 成为业余天文爱好者。

59. 在一个意想不到的时刻向对方轻声说出爱的信息。

60. 翻阅你们的相册,共同回顾过去的时光。

61. 把你们是如何相识并相爱的经历写成故事。

62. 乘游轮旅行。

63. 去潜水或划皮艇。

64. 借来儿童的玩具,在你们的后花园吹泡泡。

65. 放一下午的假去野炊。

66. 到一个游乐园或水上公园玩一天。

67. 观看一场职业体育赛事。

68. 沿浅滩漂流。

69. 做四件你们认为能为你们的关系增添浪漫色彩的事情。

70. 邀请几对夫妇到家里来吃顿家常便饭。

71. 放上进行曲在房子里大步前进。

72. 尝试一项你们从未在一起做过的体育活动,比如保龄球、高尔夫、网球、游泳等。

73. 写一首打油诗或作一首歌送给你的爱人。

74. 在国际互联网上的搜索引擎中键入"游戏",找出三个你们没有玩过的游戏,试一试。

75. 去当地的一个池塘,给那里的鸭子喂面包屑。

76. 加入一个当地的剧团。

77. 玩扑克牌。

78. 组建读书讨论小组。

79. 从事摄影。

80. 下次你们骑摩托车旅行时,从各个州收集牌照。

81. 读一本有关性技巧和性交体位的书,找出感兴趣的方面试一试。

82. 在后花园的喷水中嬉戏。

83. 开辟出一个房间或房间的一部分作为你们夫妻游戏的场所。

84. 把爱的字条藏在对方的衣服口袋里。

85. 参观动物园、水族馆或植物园。

86. 周六上午去当地的跳蚤市场看看有什么宝物。

87. 在你们的车库或天井里跳方块舞。

88. 参观你们城市或州内的葡萄酒酿造厂或小型酿酒厂。

89. 上音乐课或艺术修养课。

90. 在操场上荡秋千、玩滑梯、滑旱冰。

91. 坐在公园的长椅上，给过路的人编故事。

92. 开始收集你们两人都喜欢的东西。

93. 用一大束鲜花给你的爱人一个惊喜。

94. 在家自制冰淇淋或奶油软糖。

95. 去钓鱼。

96. 星期天一起在家玩拼字游戏。

97. 在街区组织跳舞和烧烤。

98. 去高级商店闲逛。

99. 参加一个读诗会。

100. 每月参加一次你们在报纸的周末版上发现的活动。

101. 做点让对方意想不到的事情。